令和4年最高裁判所規則（民事関係）逐条説明

法　曹　會

は し が き

　本書は，「法曹時報」第74巻第 4 号，第 7 号，第11号，第12号に掲載された，近時の法改正に伴う規則の解説を取りまとめ，1 冊の本として刊行するものである。相次ぐ法改正により，実務を取り巻く状況が目まぐるしく変化しているなかで，本書が実務に携わる方々の一助になれば幸いである。

　　　　　　　　　　　　　　　　　一般財団法人　法　曹　会

目　　次

第　1　編

「民事訴訟法第132条の10第1項に規定する電子情報処理組織を用いて取り扱う民事訴訟手続における申立てその他の申述等に関する規則」の解説

1　はじめに ………………………………………………………………　2

2　システムの概要 ………………………………………………………　3

　⑴　ユーザ登録 ………………………………………………………　3

　⑵　事件情報との関連付け …………………………………………　4

　⑶　書類の電子提出等 ………………………………………………　4

3　電子申立て等の対象範囲等（本規則第1条関係）…………………　4

　⑴　対象書面等及び事件（第1項関係）……………………………　6

　⑵　指定裁判所の官報告示（第2項関係）…………………………　13

4　電子申立て等の方式等（本規則第2条・本細則関係）…………　14

　⑴　本規則2条の趣旨 ………………………………………………　16

　⑵　アップロードの方式 ……………………………………………　16

　⑶　識別符号等を入力すべきこと …………………………………　20

　⑷　数通提出の擬制（本規則第2条第3項関係）…………………　24

　⑸　電子申立て等に使用した書面の提出（本規則第2条第4項関係）………………………………………………………………　24

5　氏名又は名称を明らかにする措置（第3条関係）………………　25

　⑴　本条の趣旨 ………………………………………………………　26

(2) 識別符号及び暗証符号の入力 ………………………………… 26

(3) 補助者アカウント ……………………………………………… 28

6 電子情報処理組織による文書の写しの提出（第4条関係）… 29

(1) 本条の趣旨 ……………………………………………………… 30

(2) 文書の写し ……………………………………………………… 30

(3) 文書の写しの電子提出を可能とした理由 ………………… 31

(4) 準文書の場合への準用（第1項関係）……………………… 31

(5) 電子申立て等に関する規定の準用（第2項関係）………… 32

7 書類の送付の特則（第5条関係）………………………………… 33

(1) 本条の趣旨 ……………………………………………………… 33

(2) 直送について定めた理由 …………………………………… 33

(3) 本規則による直送の方法 …………………………………… 34

(4) 本条の直送の効果 …………………………………………… 35

8 適用除外（第6条関係）…………………………………………… 36

(1) 本条の趣旨 ……………………………………………………… 36

(2) 法又は民訴規則の適用を受ける民事訴訟手続及び行政事件訴訟
手続 ……………………………………………………………… 37

9 細則の官報告示（第7条関係）………………………………… 38

(1) 本条の趣旨 ……………………………………………………… 39

(2) 告示 ……………………………………………………………… 39

10 施行期日（附則関係）…………………………………………… 39

第　2　編

発信者情報開示命令事件手続規則の概要

Ⅰ　はじめに ……………………………………………………………　41

Ⅱ　本規則の概要 ………………………………………………………　42

1　管轄に関する規律について …………………………………　42

　⑴　本条の内容 ……………………………………………………　43

　⑵　本条の説明 ……………………………………………………　44

2　発信者情報開示命令の申立書に関する規律について …………　45

　⑴　本条の内容 ……………………………………………………　47

　⑵　本条の説明 ……………………………………………………　47

3　発信者情報開示命令申立書の写しの提出に関する規律について

　………………………………………………………………………　48

　⑴　本条の内容 ……………………………………………………　49

　⑵　本条の説明 ……………………………………………………　49

4　提供命令及び消去禁止命令に関する規律について …………　49

　⑴　本条の内容 ……………………………………………………　53

　⑵　本条の説明 ……………………………………………………　54

5　直送に関する規律について …………………………………………　56

　⑴　本条の内容 ……………………………………………………　56

　⑵　本条の説明 ……………………………………………………　56

6　申立ての変更に関する規律について ………………………………　58

　⑴　本条の内容 ……………………………………………………　59

　⑵　本条の説明 ……………………………………………………　59

7　申立ての取下げがあった場合の取扱い等に関する規律について

……………………………………………………………………… 60

　⑴　本条の内容 ……………………………………………… 62

　⑵　本条の説明 ……………………………………………… 63

参考資料 ………………………………………………………… 65

第　3　編

共有に関する非訟事件及び土地等の管理に関する非訟事件に関する手続規則の概要

第1　はじめに ………………………………………………… 101

第2　本規則の概要 …………………………………………… 102

1　第1条（申立て等の方式・非訟事件手続法第85条，第87条，第88条，第90条及び第91条並びに表題部所有者不明土地法第19条及び第30条関係）………………………………………………… 103

　⑴　本条の趣旨 ……………………………………………… 103

　⑵　申立て，届出及び裁判所に対する報告 ……………… 103

2　第2条（申立人に対する資料の提出の求め・非訟事件手続法第85条，第87条，第88条，第90条及び第91条並びに表題部所有者不明土地法第19条及び第30条関係）……………………… 104

　⑴　本条の趣旨 ……………………………………………… 104

　⑵　提出を求めることができる資料 ……………………… 105

3　第3条（裁判所書記官の事実調査・非訟事件手続法第85条，第87条，第88条，第90条及び第91条並びに表題部所有者不明土地法第19条及び第30条関係）……………………………………… 106

－ 4 －

4　第4条（公告の方法等・非訟事件手続法第85条，第87条，第88条
　　及び第90条関係）……………………………………………… 107

　⑴　本条の趣旨 …………………………………………………… 107

　⑵　公告の方法（第1項）………………………………………… 107

　⑶　公告に関する事務（第2項）………………………………… 107

5　第5条（申立書の記載事項・非訟事件手続法第85条関係）… 108

　⑴　本条の趣旨 …………………………………………………… 109

　⑵　申立書の必要的記載事項（第1項）………………………… 109

　⑶　申立書の任意的記載事項（第2項）………………………… 110

6　第6条（申立書の添付書類・非訟事件手続法第85条関係）… 112

7　第7条（公告すべき事項・非訟事件手続法第85条関係）…… 113

　⑴　第1号 ………………………………………………………… 113

　⑵　第2号 ………………………………………………………… 113

　⑶　第3号 ………………………………………………………… 113

8　第8条（所在等不明共有者の持分の取得の裁判に係る非訟事件及
　　び所在等不明共有者の持分を譲渡する権限の付与の裁判に係る非訟
　　事件の手続への準用・非訟事件手続法第87条及び第88条関係）
　　……………………………………………………………………… 114

9　第9条（申立書の記載事項・非訟事件手続法第90条関係）… 115

　⑴　本条の趣旨 …………………………………………………… 116

　⑵　申立書の必要的記載事項（第1項）………………………… 116

　⑶　申立書の任意的記載事項（第2項）………………………… 118

　⑷　一定の場合における記載事項の省略（第3項）…………… 119

10　第10条（申立書の添付書類・非訟事件手続法第90条関係）… 120

　⑴　本条の趣旨 …………………………………………………… 120

　⑵　申立書の添付書類（第1項）……………………………… 120

　⑶　一定の場合における添付書類の省略（第2項）………… 121

11　第11条（手続の進行に資する書類の提出・非訟事件手続法第90条

　　関係）……………………………………………………………… 121

　⑴　本条の趣旨………………………………………………… 122

　⑵　所有者不明土地管理命令の申立人が提供する書類（第1項）

　　………………………………………………………………… 122

　⑶　所有者不明建物管理命令への準用（第2項）………… 124

12　第12条（公告すべき事項・非訟事件手続法第90条関係）…… 125

　⑴　第1号……………………………………………………… 126

　⑵　第2号……………………………………………………… 126

　⑶　第3号……………………………………………………… 126

13　第13条（裁判による登記の嘱託・非訟事件手続法第90条関係）

　　………………………………………………………………… 126

　⑴　本条の趣旨………………………………………………… 126

　⑵　裁判所の謄本の添付……………………………………… 126

14　第14条（資格証明書の交付等・非訟事件手続法第90条関係）

　　………………………………………………………………… 127

　⑴　資格証明書の交付（第1項）…………………………… 127

　⑵　資格証明書への印鑑の証明の記載（第2項）………… 128

15　第15条（民法第二編第三章第五節の規定による非訟事件の手続へ

　　の準用）…………………………………………………… 129

16　第16条（表題部所有者不明土地の登記及び管理の適正化に関する

　　法律の規定による非訟事件の手続への準用）…………… 131

第　4　編

「民事訴訟規則等の一部を改正する規則」の解説

一　はじめに …………………………………………………………… 135

二　秘匿制度等に関する規律 ………………………………………… 137

1　裁判所に提出すべき書面のファクシミリによる提出 ………… 137

⑴　改正の趣旨 …………………………………………………… 137

⑵　秘匿事項届出書面のファクシミリによる提出を認めない理由

…………………………………………………………………… 137

2　申立ての方式（新法133条等関係）……………………………… 138

⑴　本条の趣旨 …………………………………………………… 138

⑵　申立ての方式を書面に限定した理由 ……………………… 138

3　秘匿事項届出書面の記載事項等（新法133条関係）………… 139

⑴　本条の趣旨 …………………………………………………… 140

⑵　秘匿対象者の記名押印（1項柱書）………………………… 141

⑶　秘匿事項届出書面である旨の表示（1項1号）…………… 141

⑷　郵便番号及び電話番号等の記載（1項2号，2項）……… 142

4　法第133条の2第2項の申立ての方式等（新法133条の2関係）

…………………………………………………………………… 143

⑴　本条の趣旨 …………………………………………………… 145

⑵　申立てにおける秘匿事項記載部分の特定（1項）………… 145

⑶　閲覧等の制限の申立ての時期（2項）……………………… 146

⑷　申立人によるマスキング書面の作成及び提出（3項）…… 146

⑸　閲覧等を制限する決定における秘匿事項記載部分の特定（4

項）……………………………………………………………… 147

(6) 閲覧等を制限する決定等に応じたマスキング書面の作成及び提出（5，6項） ……………………………………………… 147

(7) 秘匿事項記載部分を除いて作成された文書等による閲覧等（7項） ……………………………………………………………… 148

5 押印を必要とする書面の特例等 ……………………………… 148

(1) 本条の趣旨 ……………………………………………………… 149

(2) 押印を必要とする書面についての特則（1項） ………… 149

(3) 郵便番号及び電話番号等の記載を必要とする書面についての特則（2項） …………………………………………………… 149

6 秘匿決定の一部が取り消された場合等の取扱い（新法133条の4関係） ………………………………………………………… 150

(1) 本条の趣旨 ……………………………………………………… 152

(2) マスキング処理をした秘匿事項届出書面の作成及び提出（1項） ……………………………………………………………… 152

(3) 閲覧等用秘匿事項届出書面による閲覧等（2項） ………… 153

7 宣誓（民訴法201条関係） …………………………………… 153

(1) 改正等の趣旨 …………………………………………………… 153

(2) 宣誓の特則を設けた理由等（4項） ………………………… 154

(3) 「相当と認めるとき」（4項） ……………………………… 154

8 証人尋問の規定の準用（民訴法216条関係） ……………… 155

三 電話会議等及びウェブ会議等に関する規律 ……………… 156

1 映像と音声の送受信による通話の方法による口頭弁論の期日（新法87条の2第1項関係） ……………………………………… 156

(1) 本条の趣旨 ……………………………………………………… 156

(2) 「通話者」及び「通話者の所在する場所の状況が当該方法によ

って手続を実施するために適切なものであること」の確認（1

項）……………………………………………………………… 157

　(3)　調書への記載事項（2項）………………………………… 158

2　音声の送受信による通話の方法による審尋の期日（新法87条の2

第2項関係）…………………………………………………… 159

　(1)　本条の趣旨 ………………………………………………… 160

　(2)　規定の内容 ………………………………………………… 160

3　和解のための処置（新法89条関係）………………………… 160

　(1)　改正等の趣旨 ……………………………………………… 161

　(2)　規定の内容 ………………………………………………… 162

4　弁論準備手続調書等（新法170条関係）…………………… 162

　(1)　改正の趣旨 ………………………………………………… 163

　(2)　「通話先の場所」の確認を不要とした理由（2項）………… 164

　(3)　調書記載事項から「通話先の電話番号」及び「通話先の場所」

を削除した理由（3項）……………………………………… 164

5　音声の送受信による通話の方法による協議（新法176条関係）

………………………………………………………………… 165

　(1)　改正の趣旨 ………………………………………………… 166

　(2)　規定の内容 ………………………………………………… 167

6　音声の送受信による通話の方法による進行協議期日 ……… 168

　(1)　改正等の趣旨 ……………………………………………… 168

　(2)　電話会議等の方法により進行協議期日を行う場合における遠隔

地要件及び一方当事者出頭要件を削除した理由（1項）…… 169

　(3)　電話会議等の方法により出頭したものとみなされる当事者につ

き，訴えの取下げ，請求の放棄及び認諾の制限を削除した理由

　　(旧3項) ……………………………………………………… 169

　　(4)　電話会議等の方法により手続を行う場合の調書記載事項（3

　　　項) ………………………………………………………… 170

四　その他の規律 ……………………………………………… 170

1　閲覧等の制限の申立ての方式等（新法92条関係) ………… 170

　(1)　改正の趣旨 ……………………………………………… 172

　(2)　改正の理由等 …………………………………………… 172

2　写真の撮影等の制限 ……………………………………… 173

　(1)　改正の趣旨 ……………………………………………… 174

　(2)　制限場面を拡大した理由 ……………………………… 174

　(3)　制限対象行為 …………………………………………… 175

3　裁判所の審尋等への準用 ………………………………… 176

　(1)　改正の趣旨 ……………………………………………… 176

　(2)　改正の理由等 …………………………………………… 177

五　関連規則の整備の概要 …………………………………… 177

1　秘匿に関する民訴規則の規定を準用する規定を設ける改正等

　………………………………………………………………… 177

　(1)　民訴規則の適用・包括準用 …………………………… 178

　(2)　民訴規則の規律の内容に一定の修正を加えるもの ………… 178

　(3)　個別の準用規定によるもの …………………………… 179

2　電話会議等・ウェブ会議等により手続を行う場合に関する改正等

　………………………………………………………………… 180

　(1)　電話会議等の方法により手続を行う場合の規定の改正 …… 180

　(2)　ウェブ会議等の方法による口頭弁論等の期日に関する規律の準

　　用を除外する改正 ………………………………………… 180

⑶　離婚の訴えに係る訴訟等において，ウェブ会議等の方法で進行

協議期日の手続を行う場合の請求の認諾に関する改正 ……… 181

3　民訴規則77条の準用に関する改正 …………………………………… 182

4　民事訴訟費用等に関する規則 ………………………………………… 182

5　民事執行規則 …………………………………………………………… 182

6　民事再生規則，外国倒産処理手続の承認援助に関する規則，会社

更生規則，破産規則及び会社非訟事件手続規則 ………………… 183

六　施行期日・経過措置 …………………………………………………… 183

1　施行期日 ………………………………………………………………… 183

⑴　改正法の施行期日との関係 ……………………………………… 183

⑵　補足説明 …………………………………………………………… 184

2　調書の記載等に関する経過措置 ……………………………………… 186

（別表）改正規則における準用一覧表 ……………………………………… 188

第　1　編

「民事訴訟法第132条の10第1項に規定する電子情報処理組織を用いて取り扱う民事訴訟手続における申立てその他の申述等に関する規則」の解説

「民事訴訟法第132条の10第1項に規定する電子情報処理組織を用いて取り扱う民事訴訟手続における申立てその他の申述等に関する規則」の解説

橋　爪　　　信

武　見　敬太郎

目　　次

1　はじめに ……………………………………………………… 2

2　システムの概要 ……………………………………………… 3

3　電子申立て等の対象範囲等（本規則第1条関係）…………… 4

4　電子申立て等の方式等（本規則第2条・本細則関係）………14

5　氏名又は名称を明らかにする措置（第3条関係）…………25

6　電子情報処理組織による文書の写しの提出（第4条関係）……29

7　書類の送付の特則（第5条関係）……………………………33

8　適用除外（第6条関係）………………………………………36

9　細則の官報告示（第7条関係）………………………………38

10　施行期日（附則関係）………………………………………39

1　はじめに

　「民事訴訟法第132条の10第１項に規定する電子情報処理組織を用いて取り扱う民事訴訟手続における申立てその他の申述等に関する規則」（令和４年最高裁判所規則第１号。以下「本規則」という。）が令和４年１月14日に公布された。また，本規則から委任を受けて制定された「民事訴訟法第132条の10第１項に規定する電子情報処理組織を用いて取り扱う民事訴訟手続における申立てその他の申述等に関する規則施行細則」（令和４年最高裁判所告示第１号。以下「本細則」という。）も同日に告示された。

　本規則は，最高裁判所が新たに開発した民事裁判書類電子提出システム（通称「mints」という。）を用いて，書類の電子提出をすることを可能とするための規則であるが，民事訴訟の書類の電子提出のために制定された規則としては，既に「電子情報処理組織を用いて取り扱う民事訴訟手続における申立て等の方式等に関する規則」（平成15年最高裁判所規則第21号。以下「旧規則」という。）が存在したことから，旧規則の全部改正の形式で制定された。旧規則の委任に基づき定められていた「電子情報処理組織を用いて取り扱う民事訴訟手続における申立て等の方式等に関する規則施行細則」（平成16年最高裁判所告示第１号。以下「旧細則」という。）は，同日にこれを廃止する細則（令和４年最高裁判所告示第２号）により廃止された。

　本稿は，本規則及び本細則の各規定について解説するものである。筆者

1　旧規則の下では，①期日指定の申立て，②期日変更の申立て，③調査嘱託の申出，④証人尋問の申出（尋問事項書の提出を含む。），⑤当事者尋問の申立て（尋問事項書の提出を含む。），⑥鑑定の申出（鑑定を求める事項を記載した書面の提出を含む。），⑦文書送付嘱託の申立て，⑧検証の申出，⑨証拠説明書の提出といった限られた範囲での書類の電子提出のみが認められていたが，実施裁判所として指定された札幌地方裁判所での運用実績を十分に積み重ねることができず，平成21年以降は，実施裁判所が存在しない状況となっていた。

らは，本規則等の立案担当者であるが，本稿中意見にわたる部分はもとより私見である。

2　システムの概要

　本規則等の各規定の解説に先立ち，各規定の理解に必要な範囲で mints の概要について紹介する。

　mints は，インターネットを用いた提出を可能とするため，裁判所が独自に開発したシステムであって，当事者は，インターネットに接続された端末があれば，場所を問わずウェブブラウザ上で利用することができる。

　mints の主な機能としては，①電子データのアップロードによる書面等の提出，②アップロードされた電子データの閲覧・ダウンロード・印刷，③受領書面の自動作成とアップロードによる提出が挙げられるが，mints を利用した手続の流れは，概ね次のとおりである。

(1)　ユーザ登録

　まず，mints を利用しようとする者は，ユーザ登録（識別符号を取得するための手続）を行う必要がある。

　具体的な手順は，次のとおりとなる。

①　mints を利用しようとする者（訴訟代理人等）は，事件の係属する裁判所に mints の利用を希望する旨伝える等して，ユーザ登録のための招待メールの送信先となるメールアドレスを申し出る。

②　裁判所は，ユーザ登録を求める者についての必要な確認を行った上で，当該メールアドレス宛てに mints にアクセスするためのリンクを貼った招待メールを送信する。

③　当事者が，この招待メールを受信した後，mints にアクセスして，所定の登録事項（氏名，住所，電話番号，メールアドレス，生年月日）と暗証符号（パスワード）を登録してサインアップ（ユーザ登録）を行うと，招待メールの送信先としたメールアドレスが識別符

号として設定され，SMS又は電話による多要素認証を経て，mintsにサインインすることができるようになる。

(2) 事件情報との関連付け

当事者が具体的な事件でmintsを利用するためには，裁判所において，当該当事者の識別符号と事件情報とをシステム上関連付ける設定を行う必要がある。

(3) 書類の電子提出等

具体的な事件について当事者の関連付けが行われると，それ以降，当事者は，mintsにアクセスし，識別符号・暗証符号の入力や多要素認証を経てサインインの上，電子データをアップロードすることで，裁判所に対して書面等を提出することができる。

当事者が書面等の電子データをmintsにアップロードすると，当該事件に関連付けがされている他の当事者のメールアドレスに対して，その旨を知らせる電子メールが自動的に送信される。当事者は，アップロードされた電子データをmints上で表示して閲覧するほか，自分の端末等にダウンロードしたり，印刷したりすることができる。

3 電子申立て等の対象範囲等（本規則第1条関係）

【本規則】

（電子情報処理組織を用いてすることができる申立て等）

第1条 民事訴訟法（平成8年法律第109号。以下「法」という。）第132条の10第1項の規定により電子情報処理組織を用いてすることができる申立て等のうち，民事訴訟規則（平成8年最高裁判所規則第5号）第3条第1項の規定により書面等（法第132条の10第1項に規定する書面等をいう。以下同じ。）をファクシミリを利用して送信することにより裁判所に提出することができるものについては，次条第1

項及び第２項に規定する方法により，電子情報処理組織を用いてすることができる。ただし，当事者双方に委任を受けた訴訟代理人（法第54条第１項ただし書の許可を得て訴訟代理人となったものを除く。）があり，かつ，当事者双方において電子情報処理組織を用いて申立て等をすることを希望する事件その他裁判所が相当と認める事件における申立て等に限る。

2　法第132条の10第１項の規定により電子情報処理組織を用いて民事訴訟に関する手続における申立て等を取り扱う裁判所が定められたときは，最高裁判所長官は，これを官報で告示しなければならない。

【民事訴訟法】

第132条の10　民事訴訟に関する手続における申立てその他の申述（以下「申立て等」という。）のうち，当該申立て等に関するこの法律その他の法令の規定により書面等（書面，書類，文書，謄本，抄本，正本，副本，複本その他文字，図形等人の知覚によって認識することができる情報が記載された紙その他の有体物をいう。以下同じ。）をもってするものとされているものであって，最高裁判所の定める裁判所に対してするもの（当該裁判所の裁判長，受命裁判官，受託裁判官又は裁判所書記官に対してするものを含む。）については，当該法令の規定にかかわらず，最高裁判所規則で定めるところにより，電子情報処理組織（裁判所の使用に係る電子計算機（入出力装置を含む。以下同じ。）と申立て等をする者又は第399条第１項の規定による処分の告知を受ける者の使用に係る電子計算機とを電気通信回線で接続した電子情報処理組織をいう。第397条から第401条までにおいて同じ。）を用いてすることができる。ただし，督促手続に関する申立て等であって，支払督促の申立てが書面をもってされたものについては，この限

りでない。

2 前項本文の規定によりされた申立て等については，当該申立て等を書面等をもってするものとして規定した申立て等に関する法令の規定に規定する書面等をもってされたものとみなして，当該申立て等に関する法令の規定を適用する。

3 第1項本文の規定によりされた申立て等は，同項の裁判所の使用に係る電子計算機に備えられたファイルへの記録がされた時に，当該裁判所に到達したものとみなす。

4 第1項本文の場合において，当該申立て等に関する他の法令の規定により署名等（署名，記名，押印その他氏名又は名称を書面等に記載することをいう。以下この項において同じ。）をすることとされているものについては，当該申立て等をする者は，当該法令の規定にかかわらず，当該署名等に代えて，最高裁判所規則で定めるところにより，氏名又は名称を明らかにする措置を講じなければならない。

5 第1項本文の規定によりされた申立て等（督促手続における申立て等を除く。次項において同じ。）が第3項に規定するファイルに記録されたときは，第1項の裁判所は，当該ファイルに記録された情報の内容を書面に出力しなければならない。

6 第1項本文の規定によりされた申立て等に係る第91条第1項又は第3項の規定による訴訟記録の閲覧若しくは謄写又はその正本，謄本若しくは抄本の交付（第401条において「訴訟記録の閲覧等」という。）は，前項の書面をもってするものとする。当該申立て等に係る書類の送達又は送付も，同様とする。

(1) 対象書面等及び事件（第1項関係）

ア 本項の趣旨

民事訴訟法（以下「法」ということがある。）132条の10第1項の規定

は，法令上書面等ですることとされている一定の申立て等について，
書面性を求める法令上の制約を排除し，最高裁判所規則で定めるとこ
ろにより，電子情報処理組織を用いてする（オンラインで行う）こと
を可能とするものである。具体的な内容を最高裁判所規則に委任した
のは，民事訴訟手続における当事者の手続保障を考慮しつつ，手続の
実際や重要度に応じて，段階的にオンライン化を実現していくのが相
当であって，そのためには，オンライン化に対応したシステム開発・
運用を行う最高裁判所規則に委ねることが適当であると考えられたた
めであり，最高裁判所規則においては，①具体的なオンライン化の対
象とする申立て等の範囲，②申立て等に際しての入力事項等の方式な
どを定めることが予定されていた。

　本項は，法132条の10第1項の委任を受けて，前記①の点について
定めたものである。

**イ　法132条の10第1項の規定により電子情報処理組織を用いてするこ
とができる申立て等（本項本文）**

　本項がオンライン提出可能な範囲を定める上での前提としている
「法第132条の10第1項の規定により電子情報処理組織を用いてするこ
とができる申立て等」とは，同項の文言上，①民事訴訟に関する手続
における申立てその他の申述であって，②法令の規定により書面等を
もってするものとされており，③最高裁判所の定める裁判所に対して
するものということになる。

（ア）民事訴訟に関する手続における申立てその他の申述

2　秋山幹男ほか「コンメンタール民事訴訟法Ⅱ（第2版）」（日本評論社，
2006）652頁

3　小野瀬厚ほか「一問一答平成16年改正民事訴訟法・非訟事件手続法・民事執
行法」（商事法務，2005）20頁

「民事訴訟に関する手続」とは，法1条及び3条で規定されているのと同義であり，訴え提起により開始される狭義の訴訟手続はもちろん，訴え提起前の証拠保全手続，督促手続，訴え提起前の和解手続等を含むものである[4]。

　「申立て」とは，裁判所や裁判所書記官などに対して裁判等の一定の行為を要求する当事者その他の者の陳述を意味するものと解され，訴えの提起や取下げ，補助参加の申出などを含むものである。「その他の申述」とは，裁判所に対し一定の行為を要求することを目的とせず，裁判所に対し一定の陳述をすることを意味するものと解され，送達場所の届出や上訴権の放棄の申述などを含むものである[5]。

（イ）法令の規定により書面等をもってするものとされているもの

　「法令の規定により書面等をもってするものとされているもの」とは，法又は最高裁判所規則により書面等によることが具体的に定められた規定が存在するものに限られることなく，「申立てその他の申述は，特別の定めがある場合を除き，書面又は口頭ですることができる」との民事訴訟規則（以下「民訴規則」という。）1条1項

4　秋山幹男ほか「コンメンタール民事訴訟法Ⅰ（第2版追補版）」（日本評論社，2014）34頁，最高裁判所事務総局「条解民事訴訟規則」（民事裁判資料213号，1997）13頁

5　前掲「条解民事訴訟規則」1，2頁，前掲「コンメンタール民事訴訟法Ⅰ」55頁，菊井維大ほか「全訂民事訴訟法Ⅰ（追補版）」（日本評論社，1984）860頁

6　例えば，法に規定が設けられているものとして，訴えの提起（法133条1項），訴えの取下げ（法261条3項。期日でする場合を除く。），最高裁判所規則に規定が設けられているものとして，送達場所の届出（民訴規則41条1項，42条2項），移送の申立て（同7条1項。期日でする場合を除く。）等がある。

の規定の対象となる申立て等を幅広く含むものと解される[7]。したが
って，法又は最高裁判所規則により書面等による旨の具体的な規定
が存在しないもの（例えば，鑑定の申出，文書送付嘱託の申立て等）
についても，「法令の規定により書面等をもってするものとされて
いるもの」に当たる。

（ウ）最高裁判所の定める裁判所に対してするもの

　　法132条の10第１項が電子情報処理組織を用いてする申立て等を
取り扱う裁判所を最高裁判所が定める裁判所としているのも，前記
アに記載したのと同様の理由によるものである。

**ウ　民訴規則３条１項の規定により書面等をファクシミリを利用して送
信することにより裁判所に提出することができるもの（本項本文）**

（ア）申立て等の範囲を限定した理由

　　本項本文は，電子申立て等を可能とする範囲について，前記イの
「法第132条の10第１項の規定により電子情報処理組織を用いてする
ことができる申立て等」のうち，「民事訴訟規則第３条第１項の規
定により書面等をファクシミリを利用して送信することにより裁判
所に提出することができるもの」に絞り込んでいる。電子申立て等
が可能な申立て等の範囲をこのように限定したのは，現時点では，
民事訴訟の手数料一般について電子納付を可能とするためのシステ
ム整備等の準備ができておらず，手数料を納付しなければならない
申立てに係る書面（申立書）の電子提出を認めても手数料納付のた
めの印紙の貼付ができないこと，端末や回線のトラブル等により電

7　法132条の10第１項と類似の規定ぶりの旧「行政手続等における情報通信の
技術の利用に関する法律」３条１項については，書面又は口頭により行うと規
定してオンラインによることを排除している場合についても，同項を適用する
ため，「書面等のみにより行う」とは規定しなかったとされている（総務省行
政管理局ほか「解説行政手続オンライン化法」（第一法規，2003）71頁）。

子提出に困難が生じた際に，訴訟手続上重大な効果を生じさせる申立ての有無や申立てがされた時期について，争いが生じることのないように慎重を期すべきと考えられたこと，電子提出可能な書面を限定することになる以上，それをファクシミリにより提出可能な書面と一致させることが利用者にとっての分かりやすさに資すること等を踏まえたものである。

（イ）民訴規則3条1項の書面の範囲

民訴規則3条1項の書面には，答弁書その他の準備書面，証拠説明書，証拠申出書等が含まれるが，手数料の納付を要したり，訴訟手続の開始，完結等の訴訟手続上重大な効果を生じさせる訴状，反訴状，訴えの変更申立書，除斥・忌避の申立書，請求の放棄・認諾書，上訴状，訴え・上訴の取下書等（民訴規則3条1項1号，2号），上告理由書等（同項4号）は含まれない。[8]

エ　電子情報処理組織

「電子情報処理組織」とは，法132条の10第1項により，①裁判所の使用に係る電子計算機と申立て等をする者の使用に係る電子計算機とを電気通信回線で接続したもの，②裁判所の使用に係る電子計算機と法399条1項の規定（督促手続の特則）による処分の告知を受ける者の使用に係る電子計算機とを電気通信回線で接続したものと定義がされているが，本規則の「電子情報処理組織」とは，①を指している。具体的には，申立て等をしようとする者と裁判所とをインターネットによりオンライン化することを想定したものであり，[9]本規則では，前記2で説明したmintsがこれに当たることになる。

8　前掲「条解民事訴訟規則」9頁以下，最高裁判所事務総局「民事訴訟手続の改正関係資料（3）」（民事裁判資料221号，1998）449頁

9　前掲「一問一答」16頁

オ　当事者双方に委任を受けた訴訟代理人があり，かつ，当事者双方において電子情報処理組織を用いて申立て等をすることを希望する事件その他裁判所が相当と認める事件（本項ただし書）

（ア）本項ただし書の趣旨

　　本項ただし書は，原則として，電子申立て等をすることができる対象事件を①当事者双方に委任を受けた訴訟代理人があり，かつ，②当事者双方において電子申立て等をすることを希望する事件に限ることを定めたものであるが，このように電子申立て等が可能な事件を限定することとした理由は以下のとおりである。[10]

　　mintsは，インターネットを通じて利用される，裁判所が独自に開発したシステムであり，情報セキュリティを維持し，十分な帯域を確保するなどして安定的に稼働させる必要があることから，現在のウェブ会議等を用いた争点整理の運用と同様に，まずは，訴訟手続の追行を業とする訴訟代理人に利用を限定して，確実に運用可能な範囲から開始していくこととするのが相当と考えられる。また，mintsは，裁判所に対する申立て等に限らず，相手方当事者に対する直送をも可能とするように設計されているところ，一方の当事者のみがmintsを利用するといった場合には，裁判所に対してはmintsを用いた電子申立て等を行うことができても，相手方当事者

10　法132条の10の規定は，電子申立て等の方法について，法令の規定にかかわらずオンラインで行うことが可能であるという効果を生じさせる規定であり，当事者に対してオンライン申立てを行う権利を付与したものではないと解されるから「情報通信技術を活用した行政の推進等に関する法律」に関するものであるが，内閣官房情報通信技術（IT）総合戦略室デジタル・ガバメント担当「逐条解説デジタル手続法」（ぎょうせい，2020）83，87，88頁参照），最高裁判所規則により，電子申立て等が可能な事件を一定の範囲に限定することも委任の範囲内として許容されるものである。

に対しては，別途，ファクシミリ等の方法での直送を要することとなり，電子申立て等の利便性を十分に享受できない結果になることが懸念される。

　このような理由から，本項ただし書の要件を設けたものであるが，政府が令和4年3月に国会に提出した「民事訴訟法等の一部を改正する法律案」では，委任を受けた訴訟代理人等について，インターネットを用いた申立て等によることが義務付けられているところであり，[11]こうした訴訟代理人等においては，mintsを積極的に利用して，電子申立て等の方法に習熟することが期待されるところである。

（イ）当事者双方に委任を受けた訴訟代理人があり，かつ，当事者双方において電子情報処理組織を用いて申立て等をすることを希望する事件

　「委任を受けた訴訟代理人」としては，弁護士（法54条1項本文）のほか，特許庁の審決等に対する訴え等における弁理士（弁理士法6条）や，簡裁訴訟代理等関係業務における司法書士（司法書士法3条1項6号）がこれに当たる。支配人等，一定の地位にある者に法令が訴訟代理権を認める旨規定している場合は含まれないし，簡易裁判所の許可を受けて訴訟代理人となる者（法54条1項ただし書）も括弧書きで除外されている。

　複数の事件が併合審理されている場合には，「当事者双方」の意味内容が問題となるが，前記（ア）の趣旨に照らせば，併合されている事件の当事者の全てについて，委任を受けた訴訟代理人があり，かつ，mintsの利用希望があることを要することになるものと解さ

11　令和4年5月18日，改正法（令和4年法律第48号）が成立し，同月25日に公布された。

れる。他方，同一当事者に複数の訴訟代理人がある場合には，その
うち１名以上の訴訟代理人が mints の利用を希望していれば足り，
全員が mints の利用を希望している必要はない。

　本項ただし書の要件を一旦は充足して，mints を用いた電子申立
て等がされていた場合であっても，一方当事者について，訴訟代理
人が辞任等して存在しなくなったときは，その後，新たな訴訟代理
人が選任されて当該訴訟代理人も mints の利用を希望するといっ
た場合でなければ，本項ただし書の要件を欠くことになる。したが
って，以後，他方当事者の訴訟代理人も電子申立て等をすることが
できなくなるので，事件情報との関連付けの解除がされることにな
る。

　本項ただし書の要件を充足している場合に，訴訟代理人に加えて
当事者本人についても電子申立て等をすることを認めることの可否
も問題になり得るが，前記（ア）のとおり，対象事件を訴訟代理人の
ある事件に限定した趣旨に鑑みれば，当事者本人について，電子申
立て等をさせることについては，当面，慎重な対応が求められる。

（ウ）その他裁判所が相当と認める事件

　前記（イ）において，極めて具体的な要件が示されていることに照
らせば，「その他裁判所が相当と認める事件」としても，（イ）に準
じてこれと同視できるような場合に限られることになる。具体的に
は，訴訟当事者が国や地方公共団体である場合の指定代理人や，訴
訟代理人以外の地位で訴訟を追行する弁護士（成年・未成年後見人，
特別代理人，破産管財人，本人等）が mints の利用を希望し，その結
果，当事者双方において電子申立て等をすることを希望することと
なったときは，これに当たるものと解される。

(2)　指定裁判所の官報告示（第２項関係）

　法132条の10第１項は，電子申立て等について，最高裁判所の定める

裁判所に対してするものとする旨規定しているところ，指定裁判所がいずれであるかは利用者である訴訟代理人等に対し広く周知を図ることが必要である。そこで，本項は，最高裁判所により電子申立て等を取り扱う裁判所が定められたときは，最高裁判所長官がこれを官報で告示しなければならない旨を定めている（旧規則1条2項にも同旨の規定がある。）。

4 電子申立て等の方式等（本規則第2条・本細則関係）

【本規則】

（電子申立て等の方式等）

第2条 前条第1項の規定により電子情報処理組織を用いてする申立て等（以下「電子申立て等」という。）は，最高裁判所の細則で定めるところにより，当該電子申立て等をする者の使用に係る電子計算機（入出力装置を含む。以下同じ。）から電子情報処理組織を用いてしようとする申立て等に関する法令の規定により書面等に記載すべきこととされている事項を入力する方法により行わなければならない。

2 電子申立て等は，最高裁判所の細則で定めるところにより付与された識別符号及び最高裁判所の細則で定める方法により設定された暗証符号を前項の電子計算機から入力する方法により行わなければならない。

3 前条第1項の規定により電子情報処理組織を用いてすることができる申立て等のうち，当該申立て等に関する民事訴訟規則の規定に提出すべき書面等の通数が規定されているものについて電子申立て等がされたときは，当該規定に規定する通数の書面等が提出されたものとみなす。

4 裁判所は，必要があると認めるときは，電子申立て等をした者に対

し，当該電子申立て等に使用した書面を提出させることができる。

【本細則】

（規則第2条第1項に規定する事項を入力する方法）

第1条　民事訴訟法第132条の10第1項に規定する電子情報処理組織を用いて取り扱う民事訴訟手続における申立てその他の申述等に関する規則（令和4年最高裁判所規則第1号。以下「規則」という。）第2条第1項（規則第4条第2項において準用する場合を含む。）に規定する事項（同項において準用する場合にあっては，当該文書をスキャナにより読み取る方法その他これに類する方法により作成した電磁的記録）を入力する方法は，次に掲げる要件のいずれにも該当する電磁的記録を裁判所の使用に係る電子計算機に備えられたファイルに記録する方法とする。

一　ファイル形式がPDF形式であること。

二　出力した場合における用紙の大きさを日本産業規格A4とすること。

（識別符号の付与の方法等）

第2条　規則第2条第2項（規則第4条第2項において準用する場合を含む。以下同じ。）に規定する識別符号（以下単に「識別符号」という。）は，電子申立て等をしようとする者が，裁判所から電子申立て等のために用いる情報システム（識別符号を付与することができるもの）に接続する方法について通知を受けた後，その者の使用に係る電子計算機から，次の各号に掲げる事項を当該情報システムに登録することにより，付与されるものとする。

一　氏名

二　住所

三　電話番号

四　電子メールアドレス（電子メールの利用者を識別するための文
字，番号，記号その他の符号をいう。）

五　生年月日

2　規則第2条第2項の最高裁判所の細則で定める方法は，電子申立て
等をしようとする者が，前項の電子計算機から，他人から容易に推測
されない符号を同項の情報システムに登録する方法とする。

3　識別符号を付与されている者は，第1項の規定により登録した事項
に変更があったとき又は識別符号の使用を廃止するときは，遅滞な
く，同項の電子計算機から同項の情報システムにその旨を登録しなけ
ればならない。

(1)　本規則2条の趣旨

　　本条は，法132条の10第1項の委任を受けて，電子申立て等をする場
合の方式等について定めた規定である。

　　本条1項は，電子申立て等は法令上書面等に記載すべきこととされて
いる事項をアップロードする方法によるべきことについて，本条2項
は，これを識別符号及び暗証符号（以下「識別符号等」ともいう。）を入
力してサインインをした上で行うべきことについて，それぞれ定めるも
のであり，それぞれ最高裁判所の細則に具体的事項を委任し，本細則に
おいて提出すべき電子データのファイル形式や，識別符号等の具体的付
与・設定方法について定めている。

　　また，本条3項は，電子申立て等がされたときは，法令上の数通提出
義務を履行したものとみなすことについて，本条4項は，電子申立て等
に使用した書面の提出について，それぞれ定めるものである。

(2)　アップロードの方式

ア　法令の規定により書面等に記載すべきこととされている事項の入力

（本規則第２条第１項関係）

　本規則２条１項は，電子申立て等は，これをする者の使用に係る電子計算機（入出力装置を含む。）から法令の規定により書面等に記載すべきこととされている事項を入力する方法により行わなければならない旨を定めている。情報通信技術を活用した行政の推進等に関する法律（以下「デジタル手続法」という。）６条１項において，書面性が求められる申請等について，主務省令で定めるところにより，電子情報処理組織を使用する方法により行うことができるものとされているところ，多くの主務省令[12]において同様の規定ぶりが採られている。また，本規則と同様に法132条の10第１項の委任を受けて定められている「民事訴訟法第132条の10第１項に規定する電子情報処理組織を用いて取り扱う督促手続に関する規則」（以下「督オン規則」という。）では，「指定簡易裁判所の使用に係る電子計算機に備えられたファイルから入手可能な様式に従い（略）入力する方法」（同規則３条１項）との文言が付されている点で規定ぶりが異なっているが，これは，督促手続オンラインシステムでは，システム上用意された入力フォームに必要事項を直接入力する方式を採用しているのに対し，mintsでは，そのような方式が採用されていないことによるものである。

　「法令の規定により書面等に記載すべきこととされている事項」としては，例えば，準備書面における「攻撃又は防御の方法」，「相手方の請求及び攻撃又は防御の方法に対する陳述」（法161条２項），答弁書における「請求の趣旨に対する答弁」，「訴状に記載された事実に対する認否及び抗弁事実」（民訴規則80条１項），受領書面における「書類

12　「関係行政機関が所管する法令に係る情報通信技術を活用した行政の推進等に関する法律施行規則」５条１項，２項，「財務省関係法令の情報通信技術を活用した行政の推進等に関する法律施行規則」４条等

を受領した旨」（民訴規則47条5項）等，個々の書面ごとに具体的に規定が設けられているほか，民訴規則2条1項により，裁判所に提出すべき書面一般についての記載事項が定められている。

イ　前記アの事項を入力する具体的方法（本細則第1条関係）
（ア）一定の規格の電子データのアップロード方式

　　前記アの法令上の記載事項を入力するための具体的な方法について，本規則2条1項は，最高裁判所の細則で定めるものとしており，本細則1条においてこれを定めている。

　　本細則1条は，出力した場合における用紙の大きさがA4となるPDF形式の電磁的記録（電子データ）を裁判所の使用に係る電子計算機に備えられたファイルに記録するという方式を定めており，平たく言えば，これは，電子申立て等をする者の側で作成したA4サイズのPDF形式の電子データを裁判所のシステムにアップロードするという方式を意味する。

　　「裁判所の使用に係る電子計算機に備えられたファイルに記録」された時点で，電子申立て等が当該裁判所に到達したものとみなされることになるが（法132条の10第3項），これは，当該電子申立て等が裁判所の支配領域内に入ったと評価できる時点であって，具体的にはシステムの内容いかんによって定まるものと解されている。[13] mintsは民間事業者の提供するクラウド上に構築された情報システムであって，アップロードされた電子データは，裁判所が専用するオンラインストレージに保存されることになるが，一旦アップロードされると改変は一切できなくなり，裁判所職員が，その利用する端末からアップロードされた電子データを出力することが可能となること，電子データが保存されるオンラインストレージは，裁判所

13　前掲「一問一答」22，23頁

がクラウド提供業者と契約をすることにより，裁判所のサーバーを仮想化して拡張しているものと評価できること等に鑑みると，クラウド上の mints 専用のオンラインストレージに書面データがアップロードされた時点で，「裁判所の使用に係る電子計算機に備えられたファイルに記録」されたものということができる。

（イ）PDF 形式の要件の理由

　本細則１条１号がアップロードする電子データのファイル形式がPDF 形式であることを求めているのは，現行法においては，出力された書面が訴訟記録になるため（法132条の10第５項），当事者がアップロードした書面と裁判所で印刷した書面の内容が一致する必要性があるという理由によるものである。例えば，Word や Excel 等の一般的な文書作成・表計算ソフトで作成したファイル形式は，印刷すると画面上は表示されていた文字が見切れてしまったり，画面上で表示されるレイアウトと変わってしまったりする場合があるのに対し，PDF は，表示及び印刷に関する条件が厳密に決められた形式であり，裁判所においても，当事者が意図した元のレイアウトどおりに表示・印刷することが可能であることから，準備書面等を Word 等を用いて作成した場合でも，当事者において PDF 形式に変換して，アップロードすることを求めている。[14]

（ウ）A4 サイズの要件の理由

　本細則１条２号がアップロードする電子データを出力した場合における用紙の大きさを日本産業規格 A4 とすることを求めているの

14　mints のシステム上，正式な提出書面とは別に，訴訟記録として取り扱われることのない事実上のものとして，「参考書面」との書面種別を選択して電子データをアップロードすることも可能な仕組みになっている。この場合には，PDF ファイルのほか，Word（.docx）ファイルや Excel（.xlsx）ファイルをアップロードすることも可能となっている。

は，A4 サイズとそれ以外のサイズの PDF ファイルがアップロード
された場合に，それぞれの用紙サイズで一括して書面に出力するこ
とに技術的制約等があることから，現時点では，提出可能な PDF
ファイルを A4 サイズに限定しているものである。[15]

　したがって，これと異なるサイズの書面を提出する必要がある場
合は，別途，持参，郵送等の方法によって，裁判所に提出すること
となる。[16]

(3) 識別符号等を入力すべきこと

ア 識別符号・暗証符号の入力（本規則第 2 条第 2 項関係）

　本規則 2 条 2 項は，電子申立て等は，識別符号及び暗証符号を電子
申立て等をする者の使用に係る電子計算機から入力する方法により行
わなければならない旨を定めた上，識別符号の付与に関する事項及び
暗証符号の設定方法は，最高裁判所の細則において定めるものとして
いる。[17]

　「識別符号」は，電子申立て等をする者ごとに異なる符号が割り当

15　その後，A3 サイズのファイルのアップロードと印刷を可能とする機能改修
　　が実施され，本細則 1 条 2 号の改正もされた（令和 5 年 2 月 3 日最高裁判所告
　　示第 1 号）。

16　「参考書面」との書面種別を選択してアップロードする場合は，PDF ファイ
　　ルの用紙サイズの制約も存在しないが，注13のとおり，訴訟記録としては取り
　　扱われない。

17　本規則 2 条 2 項の規定上，識別符号については「最高裁判所の細則で定める
　　ところにより」付与するとされ，暗証符号については「最高裁判所の細則で定
　　める方法により」設定するとされている。これは，識別符号については本細則
　　2 条 3 項のようにその付与の方法そのものではない関連事項についても細則に
　　委任する趣旨であるのに対し，暗証符号については設定方法のみを細則に委任
　　する趣旨であることによる。

てられ，システム上電子申立て等の主体を識別するために付与される
ものである。「暗証符号」は，システムにサインインした者が電子申
立て等をする者本人であることを確認するための符号（パスワード）
である。

　旧細則１条２項や督オン規則３条２項では，申立て等に係る情報に
電子署名を行い，電子証明書と併せて送信することが求められている
が，本規則では，これと異なり，識別符号等を入力することとしてい
る（このような方式によることが許される点について，本規則３条の解説
参照）。

イ　識別符号の付与に関する事項

（ア）識別符号の付与方法（本細則第２条第１項関係）

　　本細則２条１項は，識別符号の付与方法について定めるものであ
る。

①　情報システムに接続する方法についての通知

　　同項は，まず，裁判所が電子申立て等をしようとする者に対し
て「電子申立て等のために用いる情報システムに接続する方法[18]」
を通知するものと定めている。この通知とは，mintsの利用希望
があった場合に，本人確認済みの者からメールアドレス等の連絡
を受けた上で，裁判所から当該メールアドレス宛てにmintsに
アクセスするためのリンクを貼った招待メールを送信するところ
（前記２(1)②），この招待メールの送信を指すものである。

　　「電子情報処理組織」とは異なる「電子申立て等のために用い
る情報システム」といった概念を用いているのは，識別符号の付
与等は，電子申立て等を可能とするための準備段階の手続であっ

18　「情報システム」は，ソフトウェア・ハードウェアを総称した概念と説明さ
れる（前掲「逐条解説デジタル手続法」89，90頁）。

て，これを電子申立て等自体に関する「電子情報処理組織」を用いて行うというのは矛盾を含んでいるように見えること，「電子情報処理組織」とは，受訴裁判所と電子申立て等をする者の使用に係る各電子計算機やこれらの接続回線を指す概念であるところ，一旦付与された識別符号が複数の裁判所で利用可能となることからすると，識別符号の付与や管理を行っているのは受訴裁判所ではないと見るのが自然であることといった理由から，識別符号の付与等の局面では，「電子情報処理組織」の概念を用いることは相当でないと考えられたためである。実際のシステムの仕組みとしては，mintsは，電子申立て等を行うための電子情報処理組織や識別符号の付与等を行うためのプログラム等によって一体的に構成されているので，本項の「情報システム」も，mintsを示すものとなる。

② 識別符号の付与

　本細則2条1項は，次に，前記接続方法の通知を受けた者は，その者の使用に係る電子計算機から，同項各号に掲げる事項を情報システムに登録することにより，識別符号を付与される旨定めている。前記招待メールを受信した当事者は，mints上で所定の登録事項[19]の登録等をすることにより，自動的に招待メールの送信先としたメールアドレスが識別符号として設定されるところ（前記2(1)③），前記情報システムへの登録及び識別符号の付与は，これらのシステム上の処理を指すものである。

19　所定事項が自然人を前提としたものになっているのは，訴訟当事者が法人の場合であっても，識別符号としての性格上，これを付与されるのは，その代表者という自然人になると考えられるためである。もっとも，現時点では，法人代表者に対して識別符号を付与することは基本的に想定していないことから，その点を意識した規定ぶりとはされていない。

　識別符号は，システムにより機械的・形式的に付与されるものである上，識別符号の付与を受けても，当事者は，それのみによって，何らかの地位や権利を得るわけではなく，電子申立て等をするためには，受訴裁判所によって，識別符号と具体的な係属事件との関連付けが別途行われる必要がある。このように，識別符号の付与とは，当事者が電子申立て等を行うための前提となるシステム上の準備行為と理解されることから，暗証符号と併せ，その具体的な付与・設定方法は細則の定めに委ねられている。

　なお，識別符号は，実際の事件情報との関連付けがなく，かつ，サインインのない状態が1年以上継続すると削除される仕組みとなっており，電子申立て等をすることができる者の範囲が制限されていること（本規則1条1項ただし書）も併せ考慮すると，識別符号の付与（ユーザ登録）の申出が可能な者は，実施裁判所の係属事件でmintsを用いる見込みのある者に限られることになると解される。

（イ）登録事項の変更・識別符号廃止の登録（本細則第2条第3項関係）

　本細則2条3項は，識別符号を付与されている者は，同条1項の登録事項に変更があったとき又は識別符号の使用を廃止するときは，遅滞なく，情報システムに登録しなければならない旨を定めている。

　識別符号の付与後，受訴裁判所によって，識別符号と具体的な係属事件との関連付けをすることになるところ，登録事項の変更登録は，識別符号を有する者と具体的事件の訴訟当事者との同一性の確認を円滑に行うために必要となる。また，識別符号の廃止登録は，不必要に個人情報を保持することのないようにするものであり，前記のとおり識別符号を最後の利用から1年で消去するのも同様の趣

旨によるものである。[20]

ウ　暗証符号の設定方法（本細則第2条第2項関係）

　　本細則2条2項は，暗証符号の設定方法について，電子申立て等を
しようとする者が，その使用に係る電子計算機から，他人から容易に
推測されない符号[21]を情報システムに登録する方法による旨定めてい
る。

(4)　数通提出の擬制（本規則第2条第3項関係）

　　本項は，民訴規則で複数の通数の書面提出が規定されているもの（例
えば，「尋問事項書2通（民訴規則107条1項)」，「証拠説明書2通（民訴規則
137条1項)」等）について，電子申立て等があった場合は，民訴規則で
定める通数の書面提出があったとみなすことを定めたものであり，旧規
則2条2項にも同様の規定が設けられていた。

　　なお，法132条の10第2項は，電子申立て等については，その申立て
等に関する法令の規定に規定する書面等をもってされたものとみなす旨
を定めているところ，この規定のみでは，書面等の提出通数の定めを充
足したことになるか疑義が生じるおそれがある。そのため，本項の規定
を設けて，電子データを一度アップロードすれば足りる旨を明らかにし
たものである。

(5)　電子申立て等に使用した書面の提出（本規則第2条第4項関係）

　　本項は，PDF ファイルが mints にアップロードされてはいるものの，
スキャニングが十分でなかったことなどによりその出力結果が不鮮明で
あるような場合には，電子申立て等としては有効であっても，裁判所と

20　「経済産業省の所管する法令に係る情報通信技術を活用した行政の推進等に
　　関する法律施行規則」（以下「経産省デジタル手続規則」という。）4条7項等
　　にも本項と同様の規定がある。

21　システム上，10文字以上64文字以下の文字列で英大文字，英小文字，数字及
　　び記号の全ての種類を組み合わせて作成することが求められている。

しては，スキャニングに使用した書面の原本自体を確認する必要がある
ことから，そのような場合に備えて，裁判所が必要があると認めるとき
は，電子申立て等をした場合には，当該電子申立て等に使用した書面
（の原本）を提出させることができることとしたものであり，民訴規則
３条３項と同趣旨の規定である。[22]

　mints にアップロードされた PDF ファイルがカラーで作成されてい
ても，通常の場合，裁判所の機器の都合から白黒でしか印刷できないこ
とになると考えられるところ，裁判所の側で，カラー書面の提出を求め
る必要があると認めた場合には，本項に基づき，スキャニングに用いた
カラー書面の提出を求めることができる。一方，例えば，主張書面を
Word ファイルで作成し，PDF ファイルに変換してそのまま mints に
アップロードしたような場合には，「電子申立て等に使用した書面」自
体が存在しないので，本項の適用はないこととなる。

　本項に基づき提出された書面は，mints で提出された当初の出力書面
の「参考的書面」という位置付けとなり，出力書面の直後に編てつされ[23]
ることとなる。

5　氏名又は名称を明らかにする措置（第３条関係）

【本規則】

（氏名又は名称を明らかにする措置）

第３条　法第132条の10第４項に規定する氏名又は名称を明らかにする

22　前掲「条解民事訴訟規則」11，12頁，前掲「コンメンタール民事訴訟法Ⅰ」
　64頁参照

23　裁判所職員総合研修所「民事実務講義案Ⅰ（５訂版）」（司法協会，2016）
　14，15頁参照

措置は，前条第２項の識別符号及び暗証符号を電子申立て等をする者の使用に係る電子計算機から入力することとする。

(1) 本条の趣旨

法132条の10第４項は，電子情報処理組織を用いた申立て等について，開かれたネットワークにおいて情報を発信・受信することを前提とするため，申立て等の情報の名義人のなりすましや当該情報の改ざんを防止するための措置を講じる必要があることから，法令の規定により署名等をすることとしているものについては，署名等に代わる措置を講じることを義務付けているが[24]，具体的な措置の内容は，最高裁判所規則に委ねられている[25]。

本条は，同項の委任を受けて，法令の規定により署名等が求められる申立て等について電子申立て等を行う場合に，当該署名等に代わるものとして求められる氏名又は名称を明らかにする措置について，本規則２条２項が規定する識別符号及び暗証符号の双方を入力することである旨を定める規定である。

(2) 識別符号及び暗証符号の入力

「氏名又は名称を明らかにする措置」として，旧細則２条及び督オン規則７条は，申立て等に係る情報に電子署名を行い，これを電子証明書と併せて送信することとしているところ，これと異なり，本条で，識別符号等を入力することと定めた理由は，以下のとおりである。

---

24 前掲「一問一答」24頁

25 デジタル手続法６条４項においても，署名等の代替措置としてどの程度の信頼性が必要とされ，どの程度簡易性とのバランスをとるべきかについては申請等の種類ごとに異なるため，主務省令において氏名又は名称を明らかにする措置の内容を定めるものとされている（前掲「逐条解説デジタル手続法」96，97頁）。

　民訴規則２条１項は，文書の成立及び内容の真実性を担保するため，訴状，準備書面その他の当事者又は代理人が裁判所に提出すべき書面には，当事者又は代理人が記名押印するものとする旨定めているが，署名押印は必要とされておらず[26]，また，押印する印鑑の種類について，実印により，印鑑証明書を添付するなどの格別の定めはない。とりわけ，本規則が電子提出の対象としている書面は，民訴規則３条１項によりファクシミリ提出が認められているものであるから，その印影等もそれほど鮮明に表示されるわけではない。一方，本人確認を経た上で前記４(3)イ及びウ記載の方法によって付与された識別符号と，他人から容易に推測されないように設定された暗証符号とを併せて入力してサインインが行われるのであれば，それに引き続き行われる電子申立て等は，当該識別符号の付与を受けた者によって行われたものと考えられるから，当該電子申立て等に係る電磁的記録については，記名押印等（ファクシミリ文書により確認される限度のもの。）と同程度又はそれ以上に文書の成立及び内容の真実性が担保されているということができる（なお，mintsのシステム上の仕組みとして，サインインに際しては，SMS又は電話による多要素認証も要求されている（前記２(1)③）。）。

　このような理由から，本規則においては，法132条の10第４項の求める氏名等を明らかにする措置について，電子申立て等をする際に，識別

26　旧民事訴訟法下では，元来一律署名押印が求められていたが，昭和46年改正によりこれを記名押印に代えることが可能となり，その後OA機器の普及と相まって記名押印が原則化している状況となったこと，文書の成立及び内容の真実性を担保する手段として署名より押印に重点が置かれ，署名を求める実質的根拠が乏しくなってきているとされたことから，平成８年に制定された現行民訴規則では，記名押印に一本化された（前掲「条解民事訴訟規則」３，４頁参照）。

符号等を入力することと定めたものである。これにより，mintsにより
提出する準備書面には押印を要しないこととなる。また，押印のみなら
ず記名に代わる措置ともなるため，mintsを用いてアップロードする
PDFファイルには，民訴規則2条1項の規定にかかわらず，法令上記
名が必要的記載事項ではないことになるが，その点を手当てするため，
mintsの仕組み上，書面出力時に書面上端に印字されるヘッダーに提出
者の氏名が記載される仕様となっている。もっとも，アップロードされ
た電子データを出力した書面を訴訟記録として編てつするものであるか
ら，訴訟書類の従前の体裁に従って，より明確な形で書類作成者を書面
上に記載しておいた方が望ましい場合が多いと考えられるし，とりわ
け，複数の代理人の名義で書面を作成しているような場合は，前記ヘッ
ダーに記載されるのは実際に電子申立て等の行為を行った提出者1名の
みであるから，別途，作成者の記名を残しておくことが必要となろう。[28]

(3) 補助者アカウント

　mintsにおいては，識別符号を有する訴訟代理人等が，自らの補助者
となる者についての必要事項を入力してユーザ登録をさせた上で，自身
のアカウント（識別符号）と補助者のアカウントとのひも付けを行うこ
とにより，補助者アカウントを作成することが認められており，補助者
アカウントから書面のアップロード等をすることができる機能が設けら
れている（現時点では，1つの訴訟代理人等のアカウントに対しては1つの

27　デジタル手続法上のオンライン申請にも氏名又は名称を明らかにする措置に
　関する規定があり（同法6条4項），具体的措置の内容については主務省令に
　委任されているところ，経産省デジタル手続規則等の主務省令において，識別
　符号や暗証符号の入力を前記措置として定める例がある。
28　実務上，複数の代理人の記名部分の名下に，代印と表示して他の代理人が捺
　印している例があるが，複数の代理人の名義で作成した書面をmintsを用い
　て提出することは，これと同様の意味合いを有するものと考えられる。

補助者のアカウントのみをひも付けることが可能であり，また，一旦ひも付
けられた補助者のアカウントは，訴訟代理人等アカウントで関連付けがされ
た全ての事件について，アップロード等が可能となる仕組みとなっている。）。
システム上は，補助者アカウントからアップロード可能な書面の種別を
限定することまではしていないが，この機能は，基本的に，大量の書証
を逐一アップロードする煩瑣さに対応するものであって，法132条の10
第4項の「氏名又は名称を明らかにする措置」が求められる準備書面そ
の他の申立て等については，本来的に，補助者がアップロードを行うの
ではなく，電子申立て等をする訴訟代理人等自身が自らの識別符号等を
入力してアップロードを行うことが望ましい。[29]

6 電子情報処理組織による文書の写しの提出（第4条関係）

【本規則】

（電子情報処理組織による文書の写しの提出）

第4条 第1条第1項ただし書に規定する事件における民事訴訟規則第
137条第1項（同規則第147条において準用する場合を含む。以下同
じ。）の規定による文書の写しの提出は，同項の規定にかかわらず，
電子情報処理組織を用いてすることができる。

2 法第132条の10第3項，第5項及び第6項の規定並びに第2条の規

---

[29] もっとも，前記のとおり，補助者のアカウントは，訴訟代理人等の行為によ
り，訴訟代理人等のアカウントと人単位でひも付けられること等に照らすと，
補助者のアカウントによるサインイン（識別符号等の入力）を訴訟代理人等に
よるものと同視することも可能と考えられる。このような解釈を前提に，補助
者のアカウントを用いてアップロードされた書面データを出力した場合も，出
力書面の上端に印字されるヘッダーには，当該補助者ではなく訴訟代理人等の
氏名が記載される仕組みとしている。

定は，前項の規定による文書の写しの提出について準用する。この場合において，同条第１項中「電子情報処理組織を用いてしようとする申立て等に関する法令の規定により書面等に記載すべきこととされている事項」とあるのは，「当該文書をスキャナにより読み取る方法その他これに類する方法により作成した電磁的記録（電子的方式，磁気的方式その他人の知覚によっては認識することができない方式で作られる記録であって，電子計算機による情報処理の用に供されるものをいう。）」と読み替えるものとする。

(1) 本条の趣旨

本条は，法３条の最高裁判所規則に対する包括委任に基づき，本規則１条１項ただし書により電子申立て等をすることが可能な事件においては，書証の申出のための文書の写しの提出についても同様に，電子情報処理組織を用いてすることを可能とする規定である。

(2) 文書の写し

民訴規則137条１項は，文書を提出して書証の申出をするときは，当該申出をする時までに，その写し及び証拠説明書を提出しなければならない旨定めている。そのうち，「写し」の提出は，裁判所及び相手方当事者が期日に提出される文書の内容を事前に検討することができるように，書証の申出をするのに先立って文書のコピーの提出を求めているものであって，それ自体により書証の申出としての効力が生じるわけではなく，いわば事実上の準備行為といった意味合いを有するにすぎない上，その「写し」の内容を裁判所に対して「陳述」しているわけでもないから，法132条の10第１項の「申立て等」には該当しないものと解される。そうすると，民訴規則137条１項が文言上，明らかに書面で提出することを求めている「文書の写し」について，電子提出を可能とするためには，本規則１条とは別途，その根拠となる規定を設ける必要があ

ることになる。

(3) 文書の写しの電子提出を可能とした理由

　　平成16年の民事訴訟法改正により法132条の10第１項が設けられた時
点では，文書の写しを電子化することについては，その正確性をどのよ
うに手続的に担保するか等の点について慎重な検討が必要であるなどの
指摘がされていたが[30]，その後，十数年が経過して，近年の情報通信技術
の発展によって，一般に書証の内容を正確に電子化することに困難があ
るとは考えられない状況に至っている。また，文書の写しについて，フ
ァクシミリによる提出が当然のものとなっている状況下において，これ
を PDF 形式の電磁的記録に電子化して提出することに特段の支障があ
るものとは考え難く，準備書面・証拠説明書と文書の写しが一括して提
出されることの多い現在の実務に照らすと，文書の写しについてのみ電
子提出の対象としないことは，当事者の利便性を著しく低下させること
になる。文書の写しの提出が最高裁判所規則に根拠を有していることか
らすれば，法132条の10による委任がなくとも，法３条に基づく包括委
任により，最高裁判所規則でその電子提出を許容することに特段の問題
はないものと考えられる[31]。

　　以上の理由から，本条において，本規則１条１項ただし書により電子
申立て等をすることが可能な事件においては，書証の申出のための文書
の写しの提出についても，電子提出をすることを認めることとしたもの
である。

(4) 準文書の場合への準用（第１項関係）

30　前掲「一問一答」17頁参照

31　平成16年の民事訴訟法改正前に制定された旧規則は，法３条に基づく包括委
　　任により，最高裁判所規則に根拠を有する一定の範囲の申立て等について電子
　　提出を可能としていた。

文書の写しの提出に関する民訴規則137条は，同147条により，法231条に規定する物件，いわゆる準文書（図面，写真，録音テープ，ビデオテープその他の情報を表すために作成された物件で文書でないもの）について準用されているところ，準文書のうち，少なくとも図面や写真については，A4サイズのPDFデータとしてmintsを用いて電子提出をする局面があると考えられる。

　そこで，本条では，民訴規則147条において準用する場合も含むことを明示して，準文書の写しの提出についても電子提出をすることを可能としている。

(5)　電子申立て等に関する規定の準用（第2項関係）

　本項は，文書の写しの電子提出について，電子申立て等に関する民事訴訟法及び本規則上の各規定を準用するものであり，法132条の10第3項（裁判所への到達時期），同条5項（書面の出力）及び同条6項（閲覧，謄写，送付等に用いる書面）並びに本規則2条（電子申立て等の方式等）の規定を準用することとし，必要な読み替えを行っている。また，本細則1条及び2条の規定は，本項により準用された場面にも適用されることを明示している（本細則1条括弧書き，2条1項括弧書き）。

　本規則2条1項の準用につき読替規定が設けられているのは，文書の写しについては，そもそも「法令の規定により書面等に記載すべきこととされている事項」というものが観念できない上，準備書面等については，所定の記載事項が記載された電磁的記録がアップロードされれば足りるのとは異なり，文書の写しについては，スキャニング等により文書を物理的に正確に読み取ったデータのアップロードが求められるためである。読替規定中の「その他これに類する方法」としては，デジタルカメラで撮影する方法等を想定している。

　なお，本項では，法132条の10第2項の規定を準用することとしていない。これは，同項は，申立て等が書面等をもってするものとされた上

でこれに一定の法的効果が結び付けられている場合（法147条の訴状等の
書面提出による時効中断など）に関して，電子情報処理組織を用いた申立
て等であっても書面等による申立て等とみなす旨の規定であるが，文書
の写しの提出によっては，法令上一定の効果が生ずる場面が想定されな
いという理由によるものである。

7 書類の送付の特則（第5条関係）

【本規則】

（書類の送付の特則）

第5条　第1条第1項ただし書に規定する事件における直送（当事者の
相手方に対する直接の送付をいう。）は，民事訴訟規則第47条第1項
に規定する方法によるほか，当事者が第2条第1項及び第2項（これ
らの規定を前条第2項において準用する場合を含む。）に規定する方
法により送付すべき書類に係る情報を入力し，これを裁判所の使用に
係る電子計算機に備えられたファイル（記録された情報の内容を相手
方が閲覧又は複製することができるものに限る。）に記録する方法に
よりすることができる。

(1)　本条の趣旨

　　本条は，法3条の最高裁判所規則に対する包括委任に基づき，本規則
1条1項ただし書に規定する事件においては，相手方当事者に対する直
送は，本規則による電子申立て等又は文書の写しの電子提出（以下単に
「本規則による電子提出」という。）として送付書類に係る情報をアップロ
ードする方法によっても行うことができる旨を定めるものである。

(2)　直送について定めた理由

　　本規則により電子提出が可能となる書面の中には，準備書面（民訴規

則83条），証拠申出書（同99条2項），尋問事項書（同107条3項），鑑定事項書（同129条2項），文書の写し・証拠説明書（同137条2項）等，最高裁判所規則上，相手方当事者に対する直送が求められている書面や，直送することが可能な書面が多く存在する。本規則1条1項ただし書により，本規則による電子提出が行われる場合には，基本的に相手方当事者もmintsを利用していることになるところ，mintsにおいては，システム上アップロードした電子データを相手方当事者にも閲覧又は複製することを可能とする機能を有しており，相手方当事者は，他方当事者がアップロードした電子データをmintsを用いて閲覧又は複製することができるにもかかわらず，別途，当該電磁的記録の情報を出力した書面について民訴規則47条に規定する直送を行うことは迂遠である。むしろ，mintsを用いて，裁判所への電子提出のみならず，相手方当事者への直送をも同時になし得るようにすることが当事者の利便性の向上に資することとなる。

　直送の方法については，民訴規則47条1項が，写しの交付（郵送を含む。）又はファクシミリ送信によるべき旨を定めており，それ以外の方法で直送をするためには，別途，最高裁判所規則で特別の定めを設ける必要があることから，本条で，mintsを利用した直送の方法について定めることとした。[32]

(3) 本規則による直送の方法

　mintsに係るサーバ上の領域は事件ごとに区分され，区分ごとにアクセス権限を有する者は当該事件に関係する者のみと設定されているとこ

---

[32] 裁判所がmintsを用いて書面等の「送付」を行うことは想定されていないことから，「送付」については格別の規定を設けていない。もっとも，相当と認める方法で告知すれば足りる決定及び命令（法119条）をmintsに電子データをアップロードする方法で当事者に知らせることは可能であるから，例えば，期日指定の裁判等はmintsを用いて告知されることになると考えられる。

ろ（特定の事件の受訴裁判所及びその当事者だけがアクセスできる領域とな
る。），当事者双方がmintsを利用する場合，一方当事者が電子データ
をアップロードすれば，その旨が相手方当事者に自動的に通知される
上，これによりmintsに記録された電磁的記録の情報は，受訴裁判所
だけでなく，他方当事者においてもいつでも閲覧・複製することが可能
であるから（前記２(3)），そのアップロード領域は，受訴裁判所の支配
領域であるとともに相手方当事者の支配領域であるということができ
る。そして，mintsに電磁的記録をアップロードしようとする当事者
は，アップロード先が，受訴裁判所の支配領域であるとともに相手方当
事者の支配領域であることを認識してデータをアップロードしているの
であるから，そのような領域へのアップロード行為は，受訴裁判所と相
手方当事者の双方に宛てたものであるということができ，裁判所への提
出と相手方当事者に対する直送とを同時に行っていると評価することが
可能と考えられる。

　そこで，本条では，送付書類の電子データをシステムにアップロード
する方法によっても，直送をすることができる旨を定めたものである。
なお，本条の「記録された情報の内容を相手方が閲覧又は複製すること
ができるものに限る。」との部分は，電子データがアップロードされた
場合に相手方当事者にその旨を知らせる電子メールが自動的に送信され
るという点も含めて，mintsの前記特徴を表したものである。[33]

(4)　本条の直送の効果

---

[33]　このように，mintsにアップロードした電子データは，システム上，相手方
当事者と共有することが当然に想定されているものであるから，例えば，秘匿
情報が表れないようにするための措置を要する事件においては，秘匿情報が記
載された書面等は，mints以外の方法で提出することが必要ということにな
る。

本条による直送が行われた場合[34]，裁判所は，当事者の提出書類の送付を要しないこととなり（民訴規則47条3項），また，相手方当事者は，民訴規則47条5項に基づき受領書面を提出することを要する。この受領書面の提出も申立て等に該当することから，mintsにより提出することができる。

8　適用除外（第6条関係）

> 【本規則】
> （適用除外）
> 第6条　民事訴訟に関する法令の規定が適用され，若しくは準用され，又は民事訴訟の例によることとされている裁判所における民事事件，行政事件その他の事件に関する手続のうち，法又は民事訴訟規則の適用を受ける民事訴訟手続及び行政事件訴訟手続以外のものについては，この規則の規定は，適用しない。

(1)　本条の趣旨

本条は，本規則の規定が，法又は民訴規則の適用を受ける民事訴訟手続及び行政事件訴訟手続以外のものには適用されないことについて定めた規定である。

法132条の10の規定は，非訟事件手続や家事事件手続においても準用されるなど（非訟事件手続法42条1項，家事事件手続法38条1項），裁判所の幅広い手続に適用・準用されているところ，本規則が民訴規則本体を

34　本条では，直送の方法についてのみ定めて，直送の完了時期については特段定めを置いていないが，実務上，受領書面が提出されていなければ直送があったと取り扱うことは困難と思われる。

なすものではない独立の規則であることにも鑑みて，本条で，本規則の
適用範囲を明確にしようとしたものである。規定ぶりに当たっては，旧
規則５条の「民事訴訟に関する法令の規定が適用され，若しくは準用さ
れ，又は民事訴訟の例によることとされている裁判所における民事事
件，行政事件，家事事件その他の事件に関する手続のうち，民事訴訟法
又は民事訴訟規則の適用を受ける第一審の民事訴訟手続（人事訴訟に関
する手続を除く。）」との規定を参考にしているが，本条では，第一審の
手続に限定することはしておらず，また，人事訴訟に関する手続を除外
することもしていない（もっとも，人事訴訟の第一審で電子提出を認める
ためには，別途，家庭裁判所が実施裁判所として指定されることが前提とな
る。）。

(2) 法又は民訴規則の適用を受ける民事訴訟手続及び行政事件訴訟手続

ア 法又は民訴規則の適用を受ける民事訴訟手続

「法又は民事訴訟規則の適用を受ける民事訴訟手続」の外延は，法
又は民訴規則が直接適用される訴訟手続か否かによって，決せられる
ことになる。民事訴訟法上の訴訟手続は勿論のこと，人事訴訟（人事
訴訟法１条，２条），執行関係訴訟（民事執行法33条ないし35条，38条），
「消費者の財産的被害の集団的な回復のための民事の裁判手続の特例
に関する法律」上の共通義務確認訴訟（同法３条１項）等がこれに当
たることとなる。

もっとも，「民事訴訟手続」とは，「民事訴訟に関する手続」と異な
り，本案としての訴えが提起されることにより開始される狭義の訴訟
手続（移送の申立て，文書提出命令の申立てその他の本案に付随する事件
を含む。）を対象とするので，法又は民訴規則に規定のある手続であ
っても，訴え提起前における証拠収集の処分等（法132条の２以下），
証拠保全（訴え提起前のものに限る。法234条以下），訴え提起前の和解
（法275条），督促手続（法382条以下）等の本案としての訴えが提起さ

れていない事件は含まれず，これらの手続は本規則の適用対象とならない。

イ　行政事件訴訟手続

「行政事件訴訟」とは，抗告訴訟，当事者訴訟，民衆訴訟及び機関訴訟をいい（行政事件訴訟法2条），「行政事件訴訟手続」は，これらの訴訟における手続をいう。執行停止の申立て（同法25条2項）に係る手続等の行政事件訴訟における訴えに並行して申し立てることのできる付随手続も含まれ，本規則の適用対象となる[36]。

行政事件訴訟に関しては，行政事件訴訟法に定めがない事項については「民事訴訟の例による」とされているところ（同法7条），これは，行政事件訴訟手続が本来民事訴訟手続とは性格を異にし，民事訴訟に関する法規が本来当然には適用されるものではないことを前提として，性質に反しない限り，民事訴訟に関する法規が準用されるという趣旨によるものと解されている[37]。そうすると，行政事件訴訟手続が，前記アの「法又は民事訴訟規則の適用を受ける民事訴訟手続」には当たらないこととなるので，これと並列的に「行政事件訴訟手続」を掲げることとしたものである。

9　細則の官報告示（第7条関係）

【本規則】

35　前掲「条解民事訴訟規則」13頁参照

36　執行停止の申立書は，手数料の納付を要する書面であるため（民事訴訟費用等に関する法律3条1項，別表第1の11の2の項ハ），mints を用いて提出することはできない（本規則1条1項本文）。

37　杉本良吉「行政事件訴訟法の解説」（法曹会，1963）28頁参照，南博方ほか「条解行政事件訴訟法（第4版）」（弘文堂，2014）205，206頁

（細則の官報告示）

第７条　最高裁判所長官は，第２条第１項及び第２項の細則を官報で告示しなければならない。

(1)　本条の趣旨

　電子申立て等や文書の写しの電子提出をする場合の方式，識別符号の付与に関する手続及び暗証符号の設定方法といった本規則の委任を受けて定められる規律は，利用者である訴訟代理人等に対し影響のある事柄であるから，広く周知を図ることが必要である。このため，本条は，本規則の委任を受けた細則を，最高裁判所長官が官報に告示しなければならないことを定めている。

(2)　告示

　「告示」とは，公の機関が公示を必要とする事項等を公式に広く一般に知らせる行為であり，告示の方法は，官報に掲載する方法に限られるわけではないが，広く周知を図るために，官報に掲載する方法に限定することとした。

10　施行期日（附則関係[38]）

　本規則及び本細則の施行期日は令和４年４月１日である。なお，この施行期日は，電子申立て等を可能とする法制的な環境をいち早く整備するとの観点から定めたものであって，実際にmintsの運用が開始されるのは，別途，電子申立て等を取り扱う裁判所を指定し，その効力が発生した時点

38　施行後は，従前の申立て等の提出方法に併存して電子申立て等の方法が加わるにとどまり，従前の提出の効力等に何ら影響を及ぼさないものであること，事件単位で本規則の適用の有無を決する必要もなく，端的に施行後の申立て等に適用される規律で支障がないことから，経過措置に関する規定は設けられていない。

ということになる。

（橋爪　　信　最高裁判所事務総局民事局総括参事官
　武見敬太郎　東京地方裁判所判事（前最高裁判所事務総局民事局付））

（肩書は執筆当時）

第 2 編

発信者情報開示命令事件手続規則の概要

発信者情報開示命令事件手続規則の概要

小　津　亮　太
西　澤　健太郎

I　はじめに

　特定電気通信役務提供者の損害賠償責任の制限及び発信者情報の開示に関する法律の一部を改正する法律（令和3年法律第27号。以下「改正法」という。）が令和3年4月28日に公布された。

　改正法は，新たな裁判手続である発信者情報開示命令手続を創設することなどを内容とするものである。発信者情報開示命令事件（以下「開示命令事件」という。）は，非訟事件手続法3条の「非訟事件」に該当し，同法2編（非訟事件の手続の通則）及び非訟事件手続規則が当然に適用されるものの（非訟事件手続規則の具体的な適用関係については，末尾の**参考資料**参照。），同法による改正後の特定電気通信役務提供者の損害賠償責任の制限及び発信者情報の開示に関する法律（以下，単に「法」という。）において

1　改正法の内容については，高田裕介ほか「『プロバイダ責任制限法の一部を改正する法律』（令和3年改正）の解説」NBL1201号4頁，同「『プロバイダ責任制限法の一部を改正する法律』（令和3年改正）について」コピライト2021年10月号1頁参照。

2　非訟事件手続法の適用関係については，小川久仁子編著『一問一答・令和3年改正プロバイダ責任制限法』（商事法務，2022年。以下「一問一答」という。）152頁以下参照。

は，個別に最高裁判所規則に委任されている事項（法10条1項2号及び2項）も存在するほか，開示命令事件に関する裁判手続に関し必要な事項は最高裁判所規則で定めるとされており（法18条），開示命令事件に固有の規則事項については，別途，最高裁判所規則を定めることが必要な状況にあった。

そこで，新たに発信者情報開示命令事件手続規則（令和4年最高裁判所規則第11号。以下「本規則」という。）が定められ，令和4年3月15日に公布された。

改正法及び本規則は，改正法の公布の日から起算して1年6月を超えない範囲内において政令で定める日（令和4年10月1日）から施行される（改正法附則1条，本規則附則，特定電気通信役務提供者の損害賠償責任の制限及び発信者情報の開示に関する法律の一部を改正する法律の施行日を定める政令（令和4年政令第208号））。

本稿は，本規則の概要を紹介するものである。なお，本稿中の意見にわたる部分は，筆者の個人的見解である。

Ⅱ 本規則の概要

1 管轄に関する規律について

> **（管轄裁判所が定まらない場合の裁判籍所在地の指定・法第十条）**
> 第一条 特定電気通信役務提供者の損害賠償責任の制限及び発信者情報の開示に関する法律（平成十三年法律第百三十七号。以下「法」という。）第十条第一項第二号及び第二項の最高裁判所規則で定める地は，東京都千代田区とする。

（法の関係条文）

（管轄）

第十条　発信者情報開示命令の申立ては，次の各号に掲げる場合の区分に応じ，それぞれ当該各号に定める地を管轄する地方裁判所の管轄に属する。

　一　人を相手方とする場合　相手方の住所の所在地（相手方の住所が日本国内にないとき又はその住所が知れないときはその居所の所在地とし，その居所が日本国内にないとき又はその居所が知れないときはその最後の住所の所在地とする。）

　二　大使，公使その他外国に在ってその国の裁判権からの免除を享有する日本人を相手方とする場合において，この項（前号に係る部分に限る。）の規定により管轄が定まらないとき　最高裁判所規則で定める地

　三　法人その他の社団又は財団を相手方とする場合　次のイ又はロに掲げる事務所又は営業所の所在地（当該事務所又は営業所が日本国内にないときは，代表者その他の主たる業務担当者の住所の所在地とする。）

　　イ　相手方の主たる事務所又は営業所

　　ロ　申立てが相手方の事務所又は営業所（イに掲げるものを除く。）における業務に関するものであるときは，当該事務所又は営業所

2　前条の規定により日本の裁判所が管轄権を有することとなる発信者情報開示命令の申立てについて，前項の規定又は他の法令の規定により管轄裁判所が定まらないときは，当該申立ては，最高裁判所規則で定める地を管轄する地方裁判所の管轄に属する。

3　（以下略）

(1)　本条の内容

本条は，法10条１項２号及び２項（管轄が定まらない場合には最高裁判所規則で定める地を管轄する地方裁判所が管轄裁判所となる旨の規定）を受けて，最高裁判所規則で定める地を東京都千代田区と規定するものである。

(2) 本条の説明

ア　法10条１項２号関係

日本から外国に派遣される大使，公使等の外交官やその家族等を相手方とする場合，法９条１項１号ハにおいて日本の裁判所の管轄権が認められるが，一定の場合には，自然人を相手方とする場合の国内裁判管轄について定めた法10条１項１号の規定によって国内裁判管轄が認められない場合があるため，そのような場合について，同項２号は，発信者情報開示命令の申立ては最高裁判所規則で定める地を管轄する地方裁判所の管轄に属する旨を規定している[3]。

これを受けて，本条は，民事訴訟法４条３項に基づき最高裁判所規則で定める地を定める民事訴訟規則６条と同様に，東京都千代田区を最高裁判所規則で定める地と規定している。

イ　法10条２項関係

法10条２項は，同条１項の規定又は他の法令の規定によっても国内裁判管轄が定まらない場合，最高裁判所規則で定める地を管轄する地方裁判所が国内裁判管轄を有することを規定したものである[4]。これは，非訟事件手続法８条と同様の規律を法においたものであり，具体的には，法９条１項３号（日本において事業を行う者を相手方とする申立てについて，当該申立てがその者の日本における業務に関する場合）で認められる国際裁判管轄に相当する国内土地管轄に関する規定が設け

3　一問一答71頁

4　一問一答70頁

られていないことから，国際裁判管轄が認められるにもかかわらず，日本国内のどの裁判所にも国内土地管轄が認められない場合が生じないようにするために設けられた規定と解される。

　これを受けて，本条は，非訟事件手続法8条に基づく最高裁判所規則で定める地を定める非訟事件手続規則6条と同様に，東京都千代田区を最高裁判所規則で定める地と規定している。

2　発信者情報開示命令の申立書に関する規律について

（提供命令に基づき他の開示関係役務提供者の氏名等情報の提供を受けた場合の申立書の記載事項）

第二条　法第十五条第一項（第一号に係る部分に限る。）の規定による命令により同号イに規定する他の開示関係役務提供者の氏名等情報の提供を受けた者が当該他の開示関係役務提供者を相手方とする当該提供に係る侵害情報についての発信者情報開示命令の申立てをするときは，当該発信者情報開示命令の申立書には，申立ての趣旨及び原因，申立てを理由づける事実並びに非訟事件手続規則（平成二十四年最高裁判所規則第七号）第一条第一項各号に掲げる事項のほか，次の各号に掲げる場合の区分に応じ，それぞれ当該各号に定める事項を記載しなければならない。

一　当該提供を受けた者の申立てに係る当該提供に係る侵害情報について現に係属する他の発信者情報開示命令事件がある場合　当該発信者情報開示命令事件が係属する裁判所及び当該発信者情報開示命令事件の表示

二　前号に掲げる事件がない場合　その旨

（法の関係条文）

（管轄）

第十条　（中略）

7　前各項の規定にかかわらず，第十五条第一項（第一号に係る部分に限る。）の規定による命令により同号イに規定する他の開示関係役務提供者の氏名等情報の提供を受けた者の申立てに係る第一号に掲げる事件は，当該提供を受けた者の申立てに係る第二号に掲げる事件が係属するときは，当該事件が係属する裁判所の管轄に専属する。

一　当該他の開示関係役務提供者を相手方とする当該提供に係る侵害情報についての発信者情報開示命令事件

二　当該提供に係る侵害情報についての他の発信者情報開示命令事件

（提供命令）

第十五条　本案の発信者情報開示命令事件が係属する裁判所は，発信者情報開示命令の申立てに係る侵害情報の発信者を特定することができなくなることを防止するため必要があると認めるときは，当該発信者情報開示命令の申立てをした者（以下この項において「申立人」という。）の申立てにより，決定で，当該発信者情報開示命令の申立ての相手方である開示関係役務提供者に対し，次に掲げる事項を命ずることができる。

一　当該申立人に対し，次のイ又はロに掲げる場合の区分に応じそれぞれ当該イ又はロに定める事項（イに掲げる場合に該当すると認めるときは，イに定める事項）を書面又は電磁的方法（電子情報処理組織を使用する方法その他の情報通信の技術を利用する方法であって総務省令で定めるものをいう。次号において同じ。）により提供すること。

イ　当該開示関係役務提供者がその保有する発信者情報（当該発信者情報開示命令の申立てに係るものに限る。以下この項において

　　　同じ。）により当該侵害情報に係る他の開示関係役務提供者（当
　　　該侵害情報の発信者であると認めるものを除く。ロにおいて同
　　　じ。）の氏名又は名称及び住所（以下この項及び第三項において
　　　「他の開示関係役務提供者の氏名等情報」という。）の特定をする
　　　ことができる場合　当該他の開示関係役務提供者の氏名等情報
　　ロ　当該開示関係役務提供者が当該侵害情報に係る他の開示関係役
　　　務提供者を特定するために用いることができる発信者情報として
　　　総務省令で定めるものを保有していない場合又は当該開示関係役
　　　務提供者がその保有する当該発信者情報によりイに規定する特定
　　　をすることができない場合　その旨
　二　この項の規定による命令（以下この条において「提供命令」とい
　　い，前号に係る部分に限る。）により他の開示関係役務提供者の氏
　　名等情報の提供を受けた当該申立人から，当該他の開示関係役務提
　　供者を相手方として当該侵害情報についての発信者情報開示命令の
　　申立てをした旨の書面又は電磁的方法による通知を受けたときは，
　　当該他の開示関係役務提供者に対し，当該開示関係役務提供者が保
　　有する発信者情報を書面又は電磁的方法により提供すること。
2　（以下略）

(1)　本条の内容

　　本条は，提供命令（法15条1項）に基づき他の開示関係役務提供者の
　氏名等情報の提供を受け，当該他の開示関係役務提供者に対して発信者
　情報開示命令の申立てをする場合には，申立書に当該提供命令に係る先
　行事件の情報を記載することを求める規定である。

(2)　本条の説明

　　法では，専属管轄の規定が設けられており（法10条7項），先行事件の
　開示関係役務提供者（主として，いわゆるコンテンツプロバイダ〔「CP」と

略称される。〕が想定される。）に対する提供命令の後に，当該開示関係役務提供者から他の開示関係役務提供者（主として，いわゆる経由プロバイダ〔「AP」と略称される。〕が想定される。）の氏名等情報の開示を受けた場合，当該開示関係役務提供者（AP）を相手方とする開示命令事件は，先行する開示関係役務提供者（CP）を相手方とする開示命令事件（先行事件）が係属するときは，その裁判所に専属するとされている。[5]

　裁判所が管轄権の有無について判断するためには，先行事件に関する情報が必要であるところ，非訟事件手続規則1条，37条によっても，先行事件に関する記載は義務付けられていない。そこで，本条において，申立書の記載事項に関する特則を設け，申立書に①現に係属する先行事件がある場合については，当該事件の係属する裁判所及び当該事件の表示を，②現に係属する先行事件がない場合（取下げ等の理由により，先行事件が終局した場合が想定される。）にはその旨を記載しなければならないこととしている。

3　発信者情報開示命令申立書の写しの提出に関する規律について

（発信者情報開示命令の申立書の写しの提出）

第三条　発信者情報開示命令の申立てをするときは，申立書に相手方の数と同数の写しを添付しなければならない。

（法の関係条文）

（発信者情報開示命令の申立書の写しの送付等）

第十一条　裁判所は，発信者情報開示命令の申立てがあった場合には，当該申立てが不適法であるとき又は当該申立てに理由がないことが明

らかなときを除き，当該発信者情報開示命令の申立書の写しを相手方
に送付しなければならない。

2　（以下略）

(1)　本条の内容

　　本条は，申立人が発信者情報開示命令の申立てに当たって，申立書に
相手方の数と同数の申立書の写しを添付しなければならないことを規定
するものである。

(2)　本条の説明

　　開示命令事件においては，被害者の権利回復の利益と発信者のプライ
バシー及び表現の自由，通信の秘密の調整を図るため，当事者双方に攻
撃防御の機会を十分に保障する必要があるとされており，裁判所は，申
立てがあった場合には，不適法であるとき又は当該申立てに理由がない
ことが明らかなときを除き，相手方に申立書の写しを送付し（法11条1
項），当事者の陳述を聴かなければならない（法11条3項）とされてい
る。

　　申立書の写しの提出については，非訟事件手続規則3条2項に規定さ
れているものの，同項は，飽くまで申立書の「写しを提出することを求
めることができる」としているにすぎない。法で写しの送付が必要とさ
れている以上は，そのような送付に用いる写しについて，申立人に提出
を義務付けることが相当であると考えられる。そこで，本条は，会社非
訟事件等手続規則6条等と同様に，発信者情報開示命令の申立てをする
ときは，申立書に相手方の数と同数の写しを添付しなければならない旨
を規定している。

4　提供命令及び消去禁止命令に関する規律について

6　一問一答49頁

（提供命令及び消去禁止命令の申立ての方式，申立書の記載事項等）

第四条　次に掲げる申立ては，書面でしなければならない。

一　提供命令の申立て

二　消去禁止命令の申立て

2　前項各号に掲げる申立てに係る申立書には，申立ての趣旨及び原因，申立てを理由づける事実並びに非訟事件手続規則第一条第一項各号に掲げる事項のほか，発信者情報開示命令の申立てと前項各号に掲げる申立てを一通の書面でする場合を除き，本案の発信者情報開示命令事件が係属する裁判所及び当該発信者情報開示命令事件の表示を記載しなければならない。

3　裁判所は，第一項各号に掲げる申立てがあった場合には，当該申立てが不適法であるとき又は当該申立てに理由がないことが明らかなときを除き，当該申立てに係る申立書の写しを相手方に送付しなければならない。ただし，相手方の陳述を聴かないで提供命令又は消去禁止命令を発する場合は，この限りでない。

（法の関係条文）

（提供命令）

第十五条　本案の発信者情報開示命令事件が係属する裁判所は，発信者情報開示命令の申立てに係る侵害情報の発信者を特定することができなくなることを防止するため必要があると認めるときは，当該発信者情報開示命令の申立てをした者（以下この項において「申立人」という。）の申立てにより，決定で，当該発信者情報開示命令の申立ての相手方である開示関係役務提供者に対し，次に掲げる事項を命ずることができる。

一　当該申立人に対し，次のイ又はロに掲げる場合の区分に応じそれぞれ当該イ又はロに定める事項（イに掲げる場合に該当すると認めるときは，イに定める事項）を書面又は電磁的方法（電子情報処理組織を使用する方法その他の情報通信の技術を利用する方法であって総務省令で定めるものをいう。次号において同じ。）により提供すること。

イ　当該開示関係役務提供者がその保有する発信者情報（当該発信者情報開示命令の申立てに係るものに限る。以下この項において同じ。）により当該侵害情報に係る他の開示関係役務提供者（当該侵害情報の発信者であると認めるものを除く。ロにおいて同じ。）の氏名又は名称及び住所（以下この項及び第三項において「他の開示関係役務提供者の氏名等情報」という。）の特定をすることができる場合　当該他の開示関係役務提供者の氏名等情報

ロ　当該開示関係役務提供者が当該侵害情報に係る他の開示関係役務提供者を特定するために用いることができる発信者情報として総務省令で定めるものを保有していない場合又は当該開示関係役務提供者がその保有する当該発信者情報によりイに規定する特定をすることができない場合　その旨

二　この項の規定による命令（以下この条において「提供命令」といい，前号に係る部分に限る。）により他の開示関係役務提供者の氏名等情報の提供を受けた当該申立人から，当該他の開示関係役務提供者を相手方として当該侵害情報についての発信者情報開示命令の申立てをした旨の書面又は電磁的方法による通知を受けたときは，当該他の開示関係役務提供者に対し，当該開示関係役務提供者が保有する発信者情報を書面又は電磁的方法により提供すること。

2　（以下略）

（消去禁止命令）

第十六条　本案の発信者情報開示命令事件が係属する裁判所は，発信者情報開示命令の申立てに係る侵害情報の発信者を特定することができなくなることを防止するため必要があると認めるときは，当該発信者情報開示命令の申立てをした者の申立てにより，決定で，当該発信者情報開示命令の申立ての相手方である開示関係役務提供者に対し，当該発信者情報開示命令事件（当該発信者情報開示命令事件についての第十四条第一項に規定する決定に対して同項に規定する訴えが提起されたときは，その訴訟）が終了するまでの間，当該開示関係役務提供者が保有する発信者情報（当該発信者情報開示命令の申立てに係るものに限る。）を消去してはならない旨を命ずることができる。

2　（以下略）

（非訟事件手続規則の関係条文）

（当事者等が裁判所に提出すべき書面の記載事項）

第一条　申立書その他の当事者，利害関係参加人又は代理人が裁判所に提出すべき書面には，次に掲げる事項を記載し，当事者，利害関係参加人又は代理人が記名押印するものとする。

一　当事者及び利害関係参加人の氏名又は名称及び住所並びに代理人の氏名及び住所

二　当事者，利害関係参加人又は代理人の郵便番号及び電話番号（ファクシミリの番号を含む。次項において同じ。）

三　事件の表示

四　附属書類の表示

五　年月日

六　裁判所の表示

2　（略）

（非訟事件の申立書の記載事項等・法第四十三条）

第三十七条　非訟事件の申立書には，申立ての趣旨及び申立ての原因

　　（申立てを特定するのに必要な事実をいう。）を記載するほか，申立て

　　を理由づける事実を具体的に記載しなければならない。

　2　（以下略）

(1)　本条の内容

　　　本条は，提供命令（法15条）及び消去禁止命令（法16条）に関する規

　　律を定めるものである。提供命令とは，開示関係役務提供者（CP等）

　　に対する開示命令が発令される前の段階において，開示命令の申立人に

　　よる申立てを受けた裁判所が，①他の開示関係役務提供者（AP等）の

　　氏名等の情報等を申立人に提供するとともに，②開示関係役務提供者

　　（CP等）が保有するIPアドレス及びタイムスタンプ等を，申立人には

　　秘密にしたまま，他の開示関係役務提供者（AP等）に提供することを

　　命じるものである。[7]消去禁止命令とは，開示命令事件の審理中に発信者

　　情報が消去されることを防ぐため，開示命令の申立人による申立てを受

　　けた裁判所が，開示命令事件（異議の訴えが提起された場合にはその訴訟）

　　が終了するまでの間，開示関係役務提供者が保有する発信者情報の消去

　　禁止を命じるものである。[8]

　　　本条1項は，提供命令・消去禁止命令の申立てを書面でしなければな

　　らない旨を，2項は，これらの命令の申立書の記載事項を，3項は，こ

　　れらの命令の申立書の送付に関する規律を定めるものである。

7　一問一答94頁。提供命令により，当該他の開示関係役務提供者（AP等）に

　おいて，あらかじめ発信者情報（発信者の氏名及び住所等）を特定・保全して

　おくことができるようになる。

8　一問一答103頁

(2)　本条の説明

　ア　1項関係

　　非訟事件の申立てには書面性が要求されており（非訟事件手続法43
　条），これを前提に非訟事件手続規則37条において申立書の記載事項
　が規定されているところ，一般的に「非訟事件の申立て」は，裁判所
　に対し，一定の内容の終局決定を求める行為をいうとされている。[9]そ
　のため，提供命令・消去禁止命令の申立ては「非訟事件の申立て」に
　該当せず，非訟事件手続法43条の適用はないと解される。[10]しかしなが
　ら，提供命令・消去禁止命令については，その内容に鑑みると，書面
　での申立てを求める必要があると考えられることから，1項におい
　て，提供命令・消去禁止命令の申立ては書面でしなければならない旨
　規定している。

　イ　2項関係

　　また，同様の理由から，非訟事件手続規則37条1項が適用されない
　ため，申立書の記載内容について定める規定が必要となる。記載内容
　としては，同規則1条1項各号に掲げる事項及び同規則37条1項に規
　定する事項のほか，「本案の発信者情報開示命令事件が係属する裁判
　所」（法15条1項，16条1項）であるかの判断をするために，本案の開
　示命令事件が係属する裁判所及び当該事件の表示が必要となると考え
　られるため，2項は，申立書にはこれらの事項を記載しなければなら
　ない旨規定している。もっとも，発信者情報開示命令の申立てと提供
　命令又は消去禁止命令の申立てとを同一の書面で行う場合には，本案
　の開示命令事件が係属する裁判所及び当該事件の表示を記載する必要
　はないと考えられるので，その場合を除く旨が定められている。

9　金子修編著『一問一答・非訟事件手続法』（商事法務，2012年）16頁

10　一問一答164頁

ウ　3項関係

　提供命令・消去禁止命令については，相手方の陳述を聴くことが発令の要件とはなっていないものの，提供命令については，「イに掲げる場合に該当する」（法15条1項1号柱書。裁判所が提供命令を発令する前の段階で提供元プロバイダが提供先プロバイダの氏名等情報を特定することができることが判明している場合を意味するものと解される。）との要件を充足するかどうかを判断するために，また消去禁止命令については，相手方が発信者情報を「保有する」（法16条1項）との要件を充[11]足するかどうかを判断するためには，原則として相手方の陳述を聴く必要があると考えられる。[12]そのため，3項において，提供命令・消去禁止命令の申立書の写しを送付しなければならない旨の規定が設けられている。

　もっとも，提供命令・消去禁止命令の申立てが不適法であるとき又は当該申立てに理由がないことが明らかなときは，裁判所は相手方の陳述を聴くことなく却下することが想定され，提供命令・消去禁止命令の申立書の写しを送付する必要はないと考えられることから，そのような場合には，相手方に申立書の写しを送付する必要はない旨が定められている。また，裁判所は，相手方の陳述を聴くまでもなく上記の各要件充足性を判断できる場合もあるほか，[13]提供命令については，

11　一問一答105頁

12　一問一答108頁（注）参照

13　「イに掲げる場合に該当する」（法15条1項1号柱書）との要件に関して，CPに対する提供命令の発令により，CPからAPに対して発信者情報（IPアドレス等）の提供が行われ，APが，当該IPアドレス等から自社の情報を確認した結果，当該IPアドレス等に紐付く発信者の契約者情報を保有しているのはMVNOであることが判明した場合が考えられる。この場合には，APは開示命令の審理の中で，「発信者の氏名及び住所は保有していないが，他の開

「イに掲げる場合に該当する」（法15条1項1号柱書）かどうかを判断せずに発令することも可能であり，そのような場合にも提供命令・消去禁止命令の申立書の写しを送付する必要はないと考えられる。そのため，ただし書において，相手方の陳述を聴かないで提供命令又は消去禁止命令を発する場合には，相手方に申立書の写しを送付する必要はない旨の規定が設けられている。

5　直送に関する規律について

（提出書類の直送）

第五条　当事者が陳述書，申立ての趣旨又は原因の変更を記載した書面，証拠書類その他裁判の資料となる書類を提出するときは，当該書類について直送（当事者の相手方に対する直接の送付をいう。）をしなければならない。

---

(1)　本条の内容

　　本条は，当事者が陳述書，申立ての趣旨又は原因の変更を記載した書面，証拠書類その他裁判の資料となる書類を提出する際には，相手方当事者に直送しなければならない旨を定める規定である。ここでいう陳述書は，当事者の陳述を記載した書面を意味するが，当事者の主張を記載した書面が「準備書面」の表題で提出される場合には，そのような書面が含まれる[14]。

(2)　本条の説明

示関係役務提供者を特定することができるIPアドレス等は保有している」旨の主張書面を提出することが想定され，申立人は，これを受けて，APに対する提供命令の申立てをすることとなると想定される。

14　最高裁判所事務総局民事局監修『条解非訟事件手続規則』（法曹会，平成25年。以下「条解非訟事件手続規則」という。）370頁参照

　非訟事件手続規則においては，36条において送付方法の通則的規定があるほか，一部の場面において直送を義務付ける規定があるものの[15]，当事者の主張を記載した書面については，直送を義務付ける規定はない（証拠説明書，書証の写しについては，45条1項で準用する民事訴訟規則137条2項により直送することができるとされているにとどまり，直送は義務付けられていない。）。

　ところで，開示命令事件，提供命令事件，消去禁止命令事件の各手続においては，当事者対立構造が取られており，陳述書（主張書面）[16]，申立ての趣旨又は原因を変更する書面，証拠書類その他裁判の資料となる書類については，相手方に送付する必要があるところ，これらの書面については，裁判所を通じて送付するまでの必要はなく，相手方に直送することが合理的かつ相当であると考えられる。そこで，本条は，陳述書，申立ての趣旨又は原因の変更を記載した書面，証拠書類その他裁判の資料となる書類を直送しなければならない旨規定している。

　申立人が直送をする時期については，申立書が相手方に送付された後であると考えられる。すなわち，開示命令事件については，裁判所は，原則として相手方に申立書の写しを送付しなければならない（法11条1項）ので，相手方に申立書の写しが送付された後（遅くとも相手方から答弁書が提出された後）は，申立人から相手方に書面を直送することになると考えられる。提供命令・消去禁止命令についても，相手方の陳述を聴かないで提供命令又は消去禁止命令を発する場合を除き，相手方に申立書の写しを送付しなければならない（4条3項）ことから，相手方に申立書の写しが送付された後（遅くとも相手方から答弁書が提出された後）は，申立人から相手方に書面を直送することになると考えられる。

15　条解非訟事件手続規則93頁参照

16　開示命令事件について，一問一答49頁

6 申立ての変更に関する規律について

（発信者情報開示命令の申立ての変更の取扱い）

第六条　発信者情報開示命令事件の手続の期日において申立人が口頭で
　　申立ての趣旨又は原因の変更をした場合には，その変更を許さない旨
　　の裁判があったときを除き，裁判所書記官は，その期日の調書の謄本
　　を相手方（その期日に出頭した者を除く。）に送付しなければならな
　　い。

（非訟事件手続規則の適用除外）

第七条　申立人が非訟事件手続法（平成二十三年法律第五十一号）第四
　　十四条第一項の規定により発信者情報開示命令の申立ての趣旨又は原
　　因を変更した場合については，非訟事件手続規則第四十一条の規定
　　は，適用しない。

（非訟事件手続法の関係条文）

（申立ての変更）

第四十四条　申立人は，申立ての基礎に変更がない限り，申立ての趣旨
　　又は原因を変更することができる。

2　申立ての趣旨又は原因の変更は，非訟事件の手続の期日においてす
　　る場合を除き，書面でしなければならない。

3　裁判所は，申立ての趣旨又は原因の変更が不適法であるときは，そ
　　の変更を許さない旨の裁判をしなければならない。

4　申立ての趣旨又は原因の変更により非訟事件の手続が著しく遅滞す
　　ることとなるときは，裁判所は，その変更を許さない旨の裁判をする
　　ことができる。

（非訟事件手続規則の関係条文）

> **（申立ての変更の通知・法第四十四条）**
>
> 第四十一条　申立人が法第四十四条第一項の規定により申立ての趣旨又
> は原因を変更した場合には，同条第三項又は第四項の規定による裁判
> があったときを除き，裁判所書記官は，その旨を当事者及び利害関係
> 参加人に通知しなければならない。

(1)　本条の内容

　　本条は，期日で，口頭で発信者情報開示命令の申立ての趣旨又は原因
の変更があった場合に，裁判所書記官は，期日の調書の謄本を相手方に
送付することを定めるとともに（6条），非訟事件手続規則41条の適用
除外を定める（7条）規定である。

(2)　本条の説明

　　非訟事件手続規則41条は，申立ての変更があった場合に，その旨を当
事者及び利害関係参加人に通知すべき旨を定めており，特段の規定を設
けない場合には，単に変更があった旨の通知がされることになる。しか
しながら，開示命令事件は当事者対立構造が取られており，申立書に関
しては，相手方が自らの主張や資料を提出し，申立人の主張に対し反論
をする機会を十分に保障するために写しの送付が必要とされている。[17]そ
のため，申立書の写しが相手方に送付されるのと同様に，申立ての変更
があった場合にも，手続保障の観点から，単なる通知をするのではな
く，申立ての変更の内容が記載された書面が送付されることが相当であ
ると考えられる。このうち，申立ての変更が申立人から提出された書面
でされた場合には，5条により申立人から相手方に直送されることとな

17　法11条1項，一問一答48頁

る。期日において口頭でされた場合には，会社非訟事件等手続規則8条2項と同様に，裁判所書記官が期日調書の謄本を送付する必要があると考えられるので，6条は，期日調書の謄本を相手方（その期日に出頭した者を除く。）に送付しなければならない旨規定している。

　このように，申立ての変更の内容が記載された書面が送付される以上，単に申立ての変更があった旨の通知は不要であるから，7条は，非訟事件手続規則41条の適用を除外する旨規定している。

7　申立ての取下げがあった場合の取扱い等に関する規律について

（申立ての取下げがあった場合の取扱い）

第八条　法第十三条第一項ただし書の規定により相手方の同意を得なければ発信者情報開示命令の申立ての取下げの効力が生じない場合において，相手方の同意があったとき（同条第三項の規定により同意したものとみなされた場合を含む。）は，裁判所書記官は，その旨を当事者に通知しなければならない。

2　前項の規定は，非訟事件手続法第六十四条の規定により申立ての取下げがあったものとみなされた場合について準用する。

3　発信者情報開示命令の申立ての取下げについては，非訟事件手続規則第四十九条第二項及び第三項の規定は，適用しない。

4　第四条第一項各号に掲げる申立ての取下げがあったときは，裁判所書記官は，その旨を相手方に通知しなければならない。

（法の関係条文）

（発信者情報開示命令の申立ての取下げ）

第十三条　発信者情報開示命令の申立ては，当該申立てについての決定が確定するまで，その全部又は一部を取り下げることができる。ただ

し，当該申立ての取下げは，次に掲げる決定がされた後にあっては，相手方の同意を得なければ，その効力を生じない。

一　当該申立てについての決定

二　当該申立てに係る発信者情報開示命令事件を本案とする第十五条第一項の規定による命令

2　発信者情報開示命令の申立ての取下げがあった場合において，前項ただし書の規定により当該申立ての取下げについて相手方の同意を要するときは，裁判所は，相手方に対し，当該申立ての取下げがあったことを通知しなければならない。ただし，当該申立ての取下げが発信者情報開示命令事件の手続の期日において口頭でされた場合において，相手方がその期日に出頭したときは，この限りでない。

3　前項本文の規定による通知を受けた日から二週間以内に相手方が異議を述べないときは，当該通知に係る申立ての取下げに同意したものとみなす。同項ただし書の規定による場合において，当該申立ての取下げがあった日から二週間以内に相手方が異議を述べないときも，同様とする。

（非訟事件手続法の関係条文）

（非訟事件の申立ての取下げの擬制）

第六十四条　非訟事件の申立人が，連続して二回，呼出しを受けた非訟事件の手続の期日に出頭せず，又は呼出しを受けた非訟事件の手続の期日において陳述をしないで退席をしたときは，裁判所は，申立ての取下げがあったものとみなすことができる。

（非訟事件手続規則の関係条文）

（申立ての取下げがあった場合の取扱い等・法第六十三条等）

第四十九条　終局決定がされる前に非訟事件の申立ての取下げがあった
　　ときは，裁判所書記官は，その旨を当事者及び利害関係参加人に通知
　　しなければならない。

2　終局決定がされた後において，非訟事件の申立ての取下げをすると
　　きは，取下げの理由を明らかにしなければならない。

3　前項に規定する場合において，裁判所が取下げを許可したときは，
　　裁判所書記官は，その旨を当事者及び利害関係参加人並びにこれらの
　　者以外の裁判を受ける者に通知しなければならない。

4　第一項の規定は，法第六十四条の規定により申立ての取下げがあっ
　　たものとみなされた場合について準用する。

(1)　本条の内容

　　本条1項から3項は，発信者情報開示命令の申立ての取下げがあった
　場合の規定であり，1項においては，相手方の同意があった場合におけ
　る当事者への通知を規定するとともに，2項においては，取下げがあっ
　たとみなされる場合にも同様に通知がされるように1項を準用してい
　る。また，3項は適用の前提を欠く非訟事件手続規則49条2項・3項の
　適用除外を定めている。[18]

18　提供命令後，開示命令事件の終局決定前に開示命令の申立てが取り下げられ
　た場合（非訟事件手続法64条の規定により，裁判所において申立てが取り下げ
　られたとみなされた場合も含む。）においては，法13条2項により申立ての取
　下げがあったことの通知がされる。非訟事件手続規則49条1項も同様の規律を
　定めており，実質的に規律の内容が重複しているものの，規律の内容が矛盾し
　ているわけではないので，特段の規定は設けられていない。なお，申立てを取
　り下げた申立人及び申立書の写しの送付を受ける前の相手方に対しては，通知

　本条４項は，提供命令・消去禁止命令の申立ての取下げがあった場合の相手方への通知を定めている。

(2)　本条の説明

　ア　１項及び２項

　　法13条１項ただし書は，本案の決定後又は提供命令発令後の開示命令事件の取下げは，相手方の同意がなければその効力を生じないと規定しているところ，相手方の同意があったとき（同条３項の規定により同意したものとみなされた場合を含む。）は，手続が終了したことを知らせる必要があると考えられることから，１項は，裁判所書記官は同意があった旨を当事者に対して通知しなければならない旨規定している。ここにいう「当事者」とは，典型的には取下げをした申立人が想定されるが，CP に対する開示命令事件と AP に対する開示命令事件が併合されている場合には，取下げがあった事件とは異なる事件の相手方にも通知すべきであると解される。一方，取下げに同意した者（相手方）に対しては，通知は不要であると解される。

　イ　３項

　　非訟事件手続規則49条２項は，「終局決定がされた後において，非訟事件の申立ての取下げをするときは，取下げの理由を明らかにしなければならない。」と規定し，同条３項は「裁判所が取下げを許可したときは，裁判所書記官は，その旨を当事者及び利害関係参加人並びにこれらの者以外の裁判を受ける者に通知しなければならない。」と規定するところ，これらは，非訟事件の申立ての終局決定後の取下げには裁判所の許可が必要であること（非訟事件手続法63条）を前提とした規律であると解される[19]。しかしながら，開示命令事件の取下げの

───────────

は不要であると解される。

19　条解非訟事件手続規則130頁参照

手続は裁判所の許可を要しないことから，取下げの理由を明示することは不要である上に，許可がされたことの通知も不要であると考えられる。そのため，3項は，発信者情報開示命令の申立ての取下げについては非訟事件手続規則49条2項及び3項の規定は適用しない旨定めている。

ウ　4項

提供命令事件・消去禁止命令事件については，申立書を送付し相手方の陳述を聴く必要がある場合もあるところ（4条3項に関する4(2)ウ参照。），そのような場合，申立ての取下げがあったときには，裁判所から取下げがあった旨を通知することが必要であると考えられる。また，提供命令事件及び消去禁止命令事件においては，その命令があった後でも全部又は一部を取り下げることができるところ（法15条4項，16条2項），そのような場合にも同様に，裁判所から取下げがあった旨を通知することが必要であると考えられる。そこで，4項は，裁判所書記官は提供命令事件・消去禁止命令事件について，申立ての取下げがあった旨を相手方に通知しなければならない旨を規定している。なお，申立書の写しの送付を受けておらず，かつ，提供命令・消去禁止命令の告知を受けていない相手方には，通知は不要であると解される。

（小津　亮太　最高裁判所事務総局民事局第二課長
　西澤健太郎　東京地方裁判所判事（前最高裁判所事務総局民事局付））

（肩書は執筆当時）

参考資料

非訟条文	非訟事件手続規則の規定	発信者情報開示命令事件手続規則（適用）（「法」は改正後のプロバイダ責任制限法を，「規」は発信者情報開示命令事件手続規則を，「非訟規則」は非訟事件手続規則を指す）	
		発信者情報開示命令事件	提供命令事件及び消去禁止命令事件
第一章 総則			
第一条	（当事者等が裁判所に提出すべき書面の記載事項） 　申立書その他の当事者，利害関係参加人又は代理人が裁判所に提出すべき書面には，次に掲げる事項を記載し，当事者，利害関係参加人又は代理人が記名押印するものとする。 一　当事者及び利害関係参加人の氏名又は名称及び住所並びに代理人の氏名及び住所 二　当事者，利害関係参加人又は代理人の郵便番号及び電話番号（ファクシミリの番号を含む。次項において同じ。） 三　事件の表示 四　附属書類の表示 五　年月日 六　裁判所の表示	○ なお，申立書の記載事項に関する規2。	○ なお，申立書の記載事項に関する規4Ⅱ。
	2　前項の規定にかかわらず，当事者，利害関係参加人又は代理人からその住所，郵便番号及び電話番号を記載した同項の書面が提出されているときは，以後裁判所に提出する同項の書面については，これらを記載することを要しない。	○	○
第二条	（裁判所に提出すべき書面のファクシミリによる提出） 　裁判所に提出すべき書面は，次に掲げるものを除き，ファクシミリを利用して送信することにより提出す	○	○

非訟条文	非訟事件手続規則の規定	発信者情報開示命令事件手続規則（適用） （「法」は改正後のプロバイダ責任制限法を，「規」は発信者情報開示命令事件手続規則を，「非訟規則」は非訟事件手続規則を指す）	
		発信者情報開示命令事件	提供命令事件及び消去禁止命令事件
	ることができる。 一　民事訴訟費用等に関する法律（昭和四十六年法律第四十号）の規定により手数料を納付しなければならない申立てに係る書面 二　その提出により非訟事件の手続の開始，続行，停止又は完結をさせる書面（前号に該当する書面を除く。） 三　法定代理権，非訟事件の手続における手続上の行為（第十二条において「手続行為」という。）をするのに必要な授権又は手続代理人の権限を証明する書面その他の非訟事件の手続上重要な事項を証明する書面 四　再抗告若しくは特別抗告の抗告理由書又は非訟事件手続法（平成二十三年法律第五十一号。以下「法」という。）第七十七条第二項（法第八十二条において準用する場合を含む。）の申立てに係る理由書 2　ファクシミリを利用して書面が提出されたときは，裁判所が受信した時に，当該書面が裁判所に提出されたものとみなす。 3　裁判所は，前項に規定する場合において，必要があると認めるときは，提出者に対し，送信に使用した書面を提出させることができる。		
第三条	（裁判所に提出する書面に記載した情報の電磁的方法による提供等）	○	○

非訟条文	非訟事件手続規則の規定	発信者情報開示命令事件手続規則（適用） （「法」は改正後のプロバイダ責任制限法を，「規」は発信者情報開示命令事件手続規則を，「非訟規則」は非訟事件手続規則を指す）	
		発信者情報開示命令事件	提供命令事件及び消去禁止命令事件
	裁判所は，書面を裁判所に提出した者又は提出しようとする者が当該書面に記載されている情報の内容を記録した電磁的記録（電子的方式，磁気的方式その他人の知覚によっては認識することができない方式で作られる記録であって，電子計算機による情報処理の用に供されるものをいう。以下この項において同じ。）を有している場合において，必要があると認めるときは，その者に対し，当該電磁的記録に記録された情報を電磁的方法（電子情報処理組織を使用する方法その他の情報通信の技術を利用する方法をいう。）であって裁判所の定めるものにより裁判所に提供することを求めることができる。 2　裁判所は，申立書その他の書面を送付しようとするときその他必要があると認めるときは，当該書面を裁判所に提出した者又は提出しようとする者に対し，その写しを提出することを求めることができる。		
第四条	（申立てその他の申述の方式等に関する民事訴訟規則の準用） 民事訴訟規則（平成八年最高裁判所規則第五号）第一条の規定は非訟事	○	○ ただし，民訴規則1Ⅰにつき×（規4Ⅰに特則あり）。

非訟条文	非訟事件手続規則の規定	発信者情報開示命令事件手続規則（適用）（「法」は改正後のプロバイダ責任制限法を，「規」は発信者情報開示命令事件手続規則を，「非訟規則」は非訟事件手続規則を指す）	
		発信者情報開示命令事件	提供命令事件及び消去禁止命令事件
	件の手続における申立てその他の申述の方式について，同規則第四条の規定は非訟事件の手続における催告及び通知について，同規則第五条の規定は非訟事件の手続における書類の記載の仕方について準用する。		
第二章　非訟事件に共通する手続　第一節　管轄			
第五条	（移送における取扱い・法第六条等）　裁判所は，法第六条ただし書又は法第十条第一項において準用する民事訴訟法（平成八年法律第百九号）第十八条の申立てがあったときは，当事者及び利害関係参加人の意見を聴いて裁判をするものとする。　2　裁判所は，職権により法第六条ただし書又は法第十条第一項において準用する民事訴訟法第十八条の規定による移送の裁判をするときは，当事者及び利害関係参加人の意見を聴くことができる。	○ただし，民訴法18条に関する場面は適用される場面がない。	○ただし，民訴法18条に関する場面は適用される場面がない。
第六条	（法第八条の最高裁判所規則で定める地の指定）　法第八条の最高裁判所規則で定める地は，東京都千代田区とする。	×法10Ⅱに規定あり。	×開示命令事件の裁判管轄に従う（法15Ⅰ，16Ⅰ）。
第七条	（移送に関する民事訴訟規則の準用・法第十条）	○	×開示命令事件の裁判管轄に

非訟条文	非訟事件手続規則の規定	発信者情報開示命令事件手続規則（適用） （「法」は改正後のプロバイダ責任制限法を，「規」は発信者情報開示命令事件手続規則を，「非訟規則」は非訟事件手続規則を指す）	
		発信者情報開示命令事件	提供命令事件及び消去禁止命令事件
	民事訴訟規則第七条及び第九条の規定は，非訟事件の移送について準用する。		従う（法15Ⅰ，16Ⅰ）。
第二節　裁判所職員の除斥，忌避及び回避			
第八条	（除斥又は忌避の申立ての方式等・法第十一条等） 　裁判官に対する除斥又は忌避の申立ては，その原因を明示して，裁判官の所属する裁判所にしなければならない。 2　前項の申立ては，非訟事件の手続の期日においてする場合を除き，書面でしなければならない。 3　除斥又は忌避の原因は，申立てをした日から三日以内に疎明しなければならない。法第十二条第二項ただし書に規定する事実についても，同様とする。	○	○
第九条	（除斥又は忌避についての裁判官の意見陳述・法第十三条） 　裁判官は，その除斥又は忌避の申立てについて意見を述べることができる。	○	○
第十条	（裁判官の回避） 　裁判官は，法第十一条第一項又は第十二条第一項に規定する場合には，監督権を有する裁判所の許可を	○	○

非訟条文	非訟事件手続規則の規定	発信者情報開示命令事件手続規則（適用）（「法」は改正後のプロバイダ責任制限法を，「規」は発信者情報開示命令事件手続規則を，「非訟規則」は非訟事件手続規則を指す）	
		発信者情報開示命令事件	提供命令事件及び消去禁止命令事件
	得て，回避することができる。		
第十一条	（裁判所書記官及び専門委員の除斥等・法第十四条等） 　裁判所書記官及び専門委員の除斥，忌避及び回避については，前三条の規定を準用する。この場合において，簡易裁判所の裁判所書記官の回避の許可は，その裁判所書記官の所属する裁判所の裁判所法（昭和二十二年法律第五十九号）第三十七条に規定する裁判官がする。	○ ※後段は，適用される場面はない。	○ ※後段は，適用される場面はない。
第三節　当事者能力及び手続行為能力			
第十二条	（法人でない社団又は財団の当事者能力の判断資料の提出等・法第十六条） 　非訟事件の手続における法人でない社団又は財団の当事者能力の判断資料の提出については民事訴訟規則第十四条の規定を，非訟事件の手続における法定代理権及び手続行為をするのに必要な授権の証明については同規則第十五条前段の規定を準用する。	○	○
第十三条	（法定代理権の消滅の通知の方式・法第十八条） 　法定代理権の消滅の通知は，書面でしなければならない。	○	○
第十四条	（法人の代表者等への準用・法第十九条）	○	○

非訟条文	非訟事件手続規則の規定	発信者情報開示命令事件手続規則（適用）（「法」は改正後のプロバイダ責任制限法を，「規」は発信者情報開示命令事件手続規則を，「非訟規則」は非訟事件手続規則を指す）	
		発信者情報開示命令事件	提供命令事件及び消去禁止命令事件
	法人の代表者及び法人でない社団又は財団で当事者能力を有するものの代表者又は管理人については，この規則中法定代理及び法定代理人に関する規定を準用する。		
第四節　参加			
第十五条	（参加の申出の方式等・法第二十条等） 　法第二十条第二項の書面には，非訟事件の手続に参加する者が同条第一項に規定する者であることを明らかにする資料を添付しなければならない。	○	○
	2　法第二十条第一項の規定による参加の申出があった場合には，当該申出を却下する裁判があったときを除き，裁判所書記官は，その旨を当事者及び利害関係参加人に通知しなければならない。	○	○
	3　法第二十一条第二項の規定による参加の許可の裁判があった場合には，裁判所書記官は，その旨を当事者及び利害関係参加人に通知しなければならない。	○	○
	4　第一項の規定は法第二十一条第三項において準用する法第二十条第二項の書面について，第二項の規定は法第二十一条第一項の規定による参加の申出があった場合について準用する。この場合において，第一項中「同条第一項」とあるのは，「法	○	○

非訟条文	非訟事件手続規則の規定	発信者情報開示命令事件手続規則（適用） （「法」は改正後のプロバイダ責任制限法を，「規」は発信者情報開示命令事件手続規則を，「非訟規則」は非訟事件手続規則を指す）	
		発信者情報開示命令事件	提供命令事件及び消去禁止命令事件
	第二十一条第一項又は第二項」と読み替えるものとする。		
第五節　手続代理人			
第十六条	（手続代理人の代理権の証明等・法第二十三条等） 　手続代理人の権限は，書面で証明しなければならない。 2　前項の書面が私文書であるときは，裁判所は，公証人その他の認証の権限を有する公務員の認証を受けるべきことを手続代理人に命ずることができる。 3　手続代理人の権限の消滅の通知は，書面でしなければならない。	○	○
第六節　手続費用 第一款　手続費用の負担			
第十七条	（手続費用に関する民事訴訟規則の準用・法第二十八条） 　民事訴訟規則第一編第四章第一節の規定は，非訟事件の手続の費用（第四十八条において「手続費用」という。）の負担について準用する。この場合において，同規則第二十四条第二項中「第四十七条（書類の送付）第一項」とあるのは，「非訟事件手続規則（平成二十四年最高裁判所規則第七号）第三十六条第一項」と読み替えるものとする。	○	○

非訟条文	非訟事件手続規則の規定	発信者情報開示命令事件手続規則（適用）（「法」は改正後のプロバイダ責任制限法を，「規」は発信者情報開示命令事件手続規則を，「非訟規則」は非訟事件手続規則を指す）	
		発信者情報開示命令事件	提供命令事件及び消去禁止命令事件
第二款　手続上の救助			
第十八条	（手続上の救助の申立ての方式等・法第二十九条） 　手続上の救助の申立ては，書面でしなければならない。 2　手続上の救助の事由は，疎明しなければならない。	○	○
第七節　非訟事件の審理等			
第十九条	（期日調書の形式的記載事項・法第三十一条） 　法第三十一条の調書（以下「期日調書」という。）には，次に掲げる事項を記載しなければならない。 一　事件の表示 二　裁判官及び裁判所書記官の氏名 三　立ち会った検察官の氏名 四　出頭した当事者，利害関係参加人，代理人，補佐人，通訳人及びその他の関係人の氏名 五　期日の日時及び場所 2　期日調書には，裁判所書記官が記名押印し，裁判長が認印しなければならない。 3　前項の場合において，裁判長に支障があるときは，陪席裁判官がその事由を付記して認印しなければならない。裁判官に支障があるときは，裁判所書記官がその旨を記載すれば足りる。	○	○

非訟条文	非訟事件手続規則の規定	発信者情報開示命令事件手続規則（適用） （「法」は改正後のプロバイダ責任制限法を，「規」は発信者情報開示命令事件手続規則を，「非訟規則」は非訟事件手続規則を指す）	
		発信者情報開示命令事件	提供命令事件及び消去禁止命令事件
第二十条	（期日調書の実質的記載事項・法第三十一条） 　期日調書には，手続の要領を記載し，特に，次に掲げる事項を明確にしなければならない。 一　申立ての趣旨又は原因の変更，申立ての取下げ及び和解 二　証人，当事者本人及び鑑定人の陳述 三　証人，当事者本人及び鑑定人の宣誓の有無並びに証人及び鑑定人に宣誓をさせなかった理由 四　検証の結果 五　裁判長が記載を命じた事項及び当事者の請求により記載を許した事項 六　書面を作成しないでした裁判 2　前項の規定にかかわらず，非訟事件の手続が裁判によらないで完結した場合には，裁判長の許可を得て，証人，当事者本人及び鑑定人の陳述並びに検証の結果の記載を省略することができる。ただし，当事者が非訟事件の手続の完結を知った日から一週間以内にその記載をすべき旨の申出をしたときは，この限りでない。 3　期日調書には，手続の要領のほか，当事者及び利害関係参加人による書面の提出の予定その他手続の進行に関する事項を記載することができる。	○	○

非訟条文	非訟事件手続規則の規定	発信者情報開示命令事件手続規則（適用）（「法」は改正後のプロバイダ責任制限法を,「規」は発信者情報開示命令事件手続規則を,「非訟規則」は非訟事件手続規則を指す)	
		発信者情報開示命令事件	提供命令事件及び消去禁止命令事件
第二十一条	（期日及び期日調書に関する民事訴訟規則の準用・法第三十一条）　民事訴訟規則第六十八条から第七十七条までの規定は，非訟事件の手続の期日及び期日調書について準用する。この場合において，同規則第六十八条第一項中「前条（口頭弁論調書の実質的記載事項）第一項」とあるのは「非訟事件手続規則第二十条第一項」と，同規則第七十四条第一項第三号中「上訴の提起又は上告受理」とあるのは「終局決定に対する即時抗告若しくは特別抗告の提起又は非訟事件手続法（平成二十三年法律第五十一号）第七十七条第二項」と，同規則第七十七条中「法廷」とあるのは「非訟事件の手続の期日」と読み替えるものとする。	○	○
第二十二条	（非訟事件の記録の正本等の様式・法第三十二条）　非訟事件の記録の正本，謄本又は抄本には，正本，謄本又は抄本であることを記載し，裁判所書記官が記名押印しなければならない。	○	○
第二十三条	（受命裁判官の指定及び裁判所の嘱託の手続）　非訟事件の手続における受命裁判官の指定及び裁判所がする嘱託の手続については，民事訴訟規則第三十一条の規定を準用する。	○	○

非訟条文	非訟事件手続規則の規定	発信者情報開示命令事件手続規則（適用） （「法」は改正後のプロバイダ責任制限法を，「規」は発信者情報開示命令事件手続規則を，「非訟規則」は非訟事件手続規則を指す）	
		発信者情報開示命令事件	提供命令事件及び消去禁止命令事件
第二十四条	（専門委員の意見に関する取扱い・法第三十三条） 　裁判長が専門委員に意見を求めた場合において，その意見を求めた事項が的確かつ円滑な審理を実現する上で重要な事項であるときは，裁判所書記官は，当事者及び利害関係参加人に対し，当該事項を通知しなければならない。ただし，裁判長が当事者が立ち会うことのできる非訟事件の手続の期日において専門委員に意見を求めた場合は，この限りでない。 2　専門委員が非訟事件の手続の期日外において意見を記載した書面を提出したときは，裁判所書記官は，当事者及び利害関係参加人に対し，その写しを送付しなければならない。	○	○
第二十五条	（専門委員が関与する証拠調べ期日における裁判長の措置等・法第三十三条） 　裁判長は，法第三十三条第一項の規定により専門委員が非訟事件の手続に関与する場合において，証人の尋問を行う非訟事件の手続の期日において専門委員に意見を述べさせるに当たり，必要があると認めるときは，当事者及び利害関係参加人の意見を聴いて，専門委員の意見が証人の証言に影響を及ぼさないための証	○	○

非訟条文	非訟事件手続規則の規定	発信者情報開示命令事件手続規則（適用）（「法」は改正後のプロバイダ責任制限法を，「規」は発信者情報開示命令事件手続規則を，「非訟規則」は非訟事件手続規則を指す）	
		発信者情報開示命令事件	提供命令事件及び消去禁止命令事件
	人の退去その他適当な措置を採ることができる。 2 当事者は，裁判長に対し，前項の措置を採ることを求めることができる。		
第二十六条	（専門委員の意見に関する当事者及び利害関係参加人の意見陳述の機会の付与・法第三十三条） 　裁判所は，当事者及び利害関係参加人に対し，専門委員が述べた意見について意見を述べる機会を与えなければならない。	○	○
第二十七条	（専門委員に対する準備の指示等・法第三十三条） 　裁判長は，法第三十三条第一項の規定により専門委員に意見を述べさせるに当たり，必要があると認めるときは，専門委員に対し，係争物の現況の確認その他の準備を指示することができる。 2 裁判長が前項に規定する指示をしたときは，裁判所書記官は，当事者及び利害関係参加人に対し，その旨及びその内容を通知するものとする。	○	○
第二十八条	（音声の送受信による通話の方法による専門委員の関与・法第三十三条） 　法第三十三条第三項の期日において，同条第四項に規定する方法によ	○	○

非訟条文	非訟事件手続規則の規定	発信者情報開示命令事件手続規則（適用）（「法」は改正後のプロバイダ責任制限法を，「規」は発信者情報開示命令事件手続規則を，「非訟規則」は非訟事件手続規則を指す）	
		発信者情報開示命令事件	提供命令事件及び消去禁止命令事件
	って専門委員に意見を述べさせるときは，裁判所は，通話者及び通話先の場所の確認をしなければならない。 2 専門委員に前項の意見を述べさせたときは，その旨及び通話先の電話番号を非訟事件の記録上明らかにしなければならない。この場合においては，通話先の電話番号に加えてその場所を明らかにすることができる。		
第二十九条	（専門委員の関与する手続に関する受命裁判官及び受託裁判官の権限・法第三十三条） 受命裁判官又は受託裁判官が法第三十三条第一項の手続を行う場合には，第二十五条，第二十六条，第二十七条第一項及び前条第一項の規定による裁判所及び裁判長の職務は，その裁判官が行う。	○	○
第三十条	（受命裁判官又は受託裁判官の期日指定・法第三十四条） 受命裁判官又は受託裁判官が行う非訟事件の手続の期日は，その裁判官が指定する。	○	○
第三十一条	（期日変更の制限・法第三十四条） 非訟事件の手続の期日の変更は，次に掲げる事由に基づいては，してはならない。ただし，やむを得ない事由があるときは，この限りでな	○	○

非訟条文	非訟事件手続規則の規定	発信者情報開示命令事件手続規則（適用）（「法」は改正後のプロバイダ責任制限法を，「規」は発信者情報開示命令事件手続規則を，「非訟規則」は非訟事件手続規則を指す）	
		発信者情報開示命令事件	提供命令事件及び消去禁止命令事件
	い。 一　当事者又は利害関係参加人の一人につき手続代理人が数人ある場合において，その一部の代理人について変更の事由が生じたこと。 二　期日指定後にその期日と同じ日時が他の事件の期日に指定されたこと。		
第三十二条	（裁判長等が定めた期間の伸縮・法第三十四条） 　裁判長，受命裁判官又は受託裁判官が定めた期間の伸縮については，民事訴訟規則第三十八条の規定を準用する。	○	○
第三十三条	（受継の申立ての方式等・法第三十六条等） 　法第三十六条第一項又は第三項の規定による受継の申立ては，書面でしなければならない。 2　前項の書面には，非訟事件の手続を受け継ぐ者が法令により手続を続行する資格のある者であることを明らかにする資料を添付しなければならない。 3　法第三十六条第一項又は第三項の規定による受継があったときは，裁判所書記官は，その旨を当事者及び利害関係参加人に通知しなければならない。 4　前三項の規定は，法第三十七条第一項の規定による受継について準	○	○

非訟条文	非訟事件手続規則の規定	発信者情報開示命令事件手続規則（適用） （「法」は改正後のプロバイダ責任制限法を，「規」は発信者情報開示命令事件手続規則を，「非訟規則」は非訟事件手続規則を指す）	
		発信者情報開示命令事件	提供命令事件及び消去禁止命令事件
	用する。この場合において，第二項中「法令により手続を続行する資格のある」とあるのは，「当該非訟事件の申立てをすることができる」と読み替えるものとする。		
第三十四条	（非訟事件の申立人の死亡等の届出・法第三十七条） 　非訟事件の申立人に死亡，資格の喪失その他の非訟事件の手続を続行することができない事由が生じた場合において，法令により手続を続行する資格のある者がないときは，当該申立人又はその手続代理人は，その事由が生じた旨を裁判所に書面で届け出なければならない。	○	△ 類推適用 （法37は類推適用。一問一答163頁）
第三十五条	（送達・法第三十八条） 送達については，民事訴訟規則第一編第五章第四節の規定（同規則第四十七条の規定を除く。）を準用する。この場合において，同規則第四十一条第二項中「訴状，答弁書又は支払督促に対する督促異議の申立書」とあるのは，「非訟事件の申立書，答弁書又は非訟事件手続法第二十条第二項（同法第二十一条第三項において準用する場合を含む。）の書面」と読み替えるものとする。	○	○
第三十六条	（書類の送付） 　直送（当事者又は利害関係参加人（以下この条及び第四十五条第三項	○	○

－　80　－

非訟条文	非訟事件手続規則の規定	発信者情報開示命令事件手続規則（適用）（「法」は改正後のプロバイダ責任制限法を，「規」は発信者情報開示命令事件手続規則を，「非訟規則」は非訟事件手続規則を指す）	
		発信者情報開示命令事件	提供命令事件及び消去禁止命令事件
	において「当事者等」という。）の他の当事者等に対する直接の送付をいう。以下この条及び第四十五条第三項において同じ。）その他の送付は，送付すべき書類の写しの交付又はその書類のファクシミリを利用しての送信によってする。 2　裁判所が当事者等その他の関係人に対し送付すべき書類の送付に関する事務は，裁判所書記官が取り扱う。 3　裁判所が当事者等の提出に係る書類の他の当事者等への送付をしなければならない場合（送達をしなければならない場合を除く。）において，当事者等がその書類について直送をしたときは，その送付は，することを要しない。 4　当事者等が直送をしなければならない書類について，直送を困難とする事由その他相当とする事由があるときは，当該当事者等は，裁判所に対し，当該書類の他の当事者等への送付を裁判所書記官に行わせるよう申し出ることができる。 5　当事者等から前項の書類又は裁判所が当事者等に対し送付すべき書類の直送を受けた他の当事者等は，当該書類を受領した旨を記載した書面について直送をするとともに，当該書面を裁判所に提出しなければならない。ただし，同項の書類又は裁		

非訟条文	非訟事件手続規則の規定	発信者情報開示命令事件手続規則（適用） （「法」は改正後のプロバイダ責任制限法を，「規」は発信者情報開示命令事件手続規則を，「非訟規則」は非訟事件手続規則を指す）	
		発信者情報開示命令事件	提供命令事件及び消去禁止命令事件
	判所が当事者等に対し送付すべき書類の直送をした当事者等が，受領した旨を他の当事者等が記載した当該書類を裁判所に提出したときは，この限りでない。		
第三章　第一審裁判所における非訟事件の手続 　第一節　非訟事件の申立て			
第三十七条	（非訟事件の申立書の記載事項等・法第四十三条） 　非訟事件の申立書には，申立ての趣旨及び申立ての原因（申立てを特定するのに必要な事実をいう。）を記載するほか，申立てを理由づける事実を具体的に記載しなければならない。 2　非訟事件の申立書に申立てを理由づける事実以外の事実を記載する場合には，できる限り，申立てを理由づける事実と区別して記載しなければならない。	○ なお，申立書の記載事項に関する規2。	× なお，申立書の記載事項に関する規4Ⅱ。
	3　申立てを理由づける事実についての証拠書類があるときは，その写しを非訟事件の申立書に添付しなければならない。	○	
	4　裁判所は，申立人に対し，前項の証拠書類の写しのほか，非訟事件の手続の円滑な進行を図るために必要な資料の提出を求めることができる。	○	○ 「非訟事件の手続」に関する規律は適用されると解される。

非訟条文	非訟事件手続規則の規定	発信者情報開示命令事件手続規則（適用）（「法」は改正後のプロバイダ責任制限法を，「規」は発信者情報開示命令事件手続規則を，「非訟規則」は非訟事件手続規則を指す）	
		発信者情報開示命令事件	提供命令事件及び消去禁止命令事件
第三十八条	（非訟事件の申立書の補正の促し・法第四十三条） 　裁判長は，非訟事件の申立書の記載について必要な補正を促す場合には，裁判所書記官に命じて行わせることができる。	○	× 法43は適用されない。一問一答164頁
第三十九条	（非訟事件の申立書の却下の命令に対する即時抗告・法第四十三条） 　非訟事件の申立書の却下の命令に対し即時抗告をするときは，抗告状には，却下された非訟事件の申立書を添付しなければならない。	○	× 法43は適用されない。一問一答164頁
第四十条	（参考事項の聴取・法第四十三条） 　裁判長は，非訟事件の申立てがあったときは，当事者から，非訟事件の手続の進行に関する意見その他手続の進行について参考とすべき事項の聴取をすることができる。 2　裁判長は，前項の聴取をする場合には，裁判所書記官に命じて行わせることができる。	○	× 法43は適用されない。一問一答164頁
第四十一条	（申立ての変更の通知・法第四十四条） 　申立人が法第四十四条第一項の規定により申立ての趣旨又は原因を変	× 規則5，6に特則あり。規7により適用除外。	× 規則5，6に特則あり。

| 非訟条文 | 非訟事件手続規則の規定 | 発信者情報開示命令事件手続規則（適用）（「法」は改正後のプロバイダ責任制限法を，「規」は発信者情報開示命令事件手続規則を，「非訟規則」は非訟事件手続規則を指す） | |
		発信者情報開示命令事件	提供命令事件及び消去禁止命令事件
	更した場合には，同条第三項又は第四項の規定による裁判があったときを除き，裁判所書記官は，その旨を当事者及び利害関係参加人に通知しなければならない。		
第二節　非訟事件の手続の期日			
第四十二条	（音声の送受信による通話の方法による手続・法第四十七条） 　裁判所及び当事者双方が音声の送受信により同時に通話をすることができる方法によって非訟事件の手続の期日における手続（証拠調べを除く。）を行うときは，裁判所又は受命裁判官は，通話者及び通話先の場所の確認をしなければならない。 2　前項の手続を行ったときは，その旨及び通話先の電話番号を非訟事件の記録上明らかにしなければならない。この場合においては，通話先の電話番号に加えてその場所を明らかにすることができる。	○	○
第四十三条	（手続代理人の陳述禁止等の通知・法第四十八条） 　手続代理人の陳述禁止等の通知については，民事訴訟規則第六十五条の規定を準用する。	○	○
第三節　事実の調査及び証拠調べ			
第四十四条	（事実の調査の要旨の記録化・法第四十九条）	○	○

非訟条文	非訟事件手続規則の規定	発信者情報開示命令事件手続規則（適用）（「法」は改正後のプロバイダ責任制限法を，「規」は発信者情報開示命令事件手続規則を，「非訟規則」は非訟事件手続規則を指す）	
		発信者情報開示命令事件	提供命令事件及び消去禁止命令事件
	事実の調査については，裁判所書記官は，その要旨を非訟事件の記録上明らかにしておかなければならない。		
第四十五条	（証拠調べ・法第五十三条） 　非訟事件の手続における証拠調べについては，民事訴訟規則第二編第三章第一節から第六節までの規定（同規則第九十九条第二項，第百条，第百一条，第百二十一条及び第百三十九条の規定を除く。）を準用する。この場合において，これらの規定中「直送」とあるのは「非訟事件手続規則第三十六条第一項の直送」と，同規則第百二十九条の二中「口頭弁論若しくは弁論準備手続の期日又は進行協議期日」とあるのは「非訟事件の手続の期日」と，同規則第百四十条第三項中「第九十九条（証拠の申出）第二項」とあるのは「非訟事件手続規則第四十五条第三項」と読み替えるものとする。 ２　法第五十三条第五項の規定により出頭を命じられた当事者が正当な理由なく出頭しない場合には，民事訴訟規則第百十一条の規定は，前項において準用する同規則第百二十七条ただし書の規定にかかわらず，当該当事者の勾引について準用する。 ３　当事者等が第一項において準用する民事訴訟規則第九十九条第一項	○ なお，直送をしなければならない書類についての規5。	○ なお，直送をしなければならない書類についての規5。

非訟条文	非訟事件手続規則の規定	発信者情報開示命令事件手続規則（適用） （「法」は改正後のプロバイダ責任制限法を，「規」は発信者情報開示命令事件手続規則を，「非訟規則」は非訟事件手続規則を指す）	
		発信者情報開示命令事件	提供命令事件及び消去禁止命令事件
	の証拠の申出を記載した書面を裁判所に提出する場合には，当該書面について直送をしなければならない。		
第四節　裁判			
第四十六条	（終局決定の確定証明書等・法第五十六条等） 　第一審裁判所の裁判所書記官は，請求により，非訟事件の記録に基づいて終局決定の確定についての証明書を交付する。 2　非訟事件がなお抗告審に係属中であるときは，前項の規定にかかわらず，当該非訟事件の記録の存する裁判所の裁判所書記官が，終局決定の確定した部分のみについて同項の証明書を交付する。 3　前二項の規定は，終局決定以外の裁判について準用する。	○ 請求の根拠は，法12。	○ 請求の根拠は，法12。
第四十七条	（決定及び命令の方式等・法第五十六条等） 　決定書及び命令書には，決定又は命令をした裁判官が記名押印しなければならない。 2　合議体の構成員である裁判官が決定書に記名押印することに支障があるときは，他の裁判官が決定書にその事由を付記して記名押印しなければならない。 3　決定又は命令の告知がされたときは，裁判所書記官は，その旨及び	○	○

非訟条文	非訟事件手続規則の規定	発信者情報開示命令事件手続規則（適用）（「法」は改正後のプロバイダ責任制限法を，「規」は発信者情報開示命令事件手続規則を，「非訟規則」は非訟事件手続規則を指す）	
		発信者情報開示命令事件	提供命令事件及び消去禁止命令事件
	告知の方法を非訟事件の記録上明らかにしなければならない。		
第四十八条	（脱漏した手続費用の負担の裁判を求める申立て・法第六十条等）　手続費用の負担の裁判を脱漏した場合における手続費用の負担の裁判を求める申立てについては，民事訴訟規則第百六十一条の規定を準用する。	○	○
第五節　裁判によらない非訟事件の終了			
第四十九条	（申立ての取下げがあった場合の取扱い等・法第六十三条等）　終局決定がされる前に非訟事件の申立ての取下げがあったときは，裁判所書記官は，その旨を当事者及び利害関係参加人に通知しなければならない。	○ただし法13Ⅱと規律が重複する場合がある。	×規8Ⅳに特則あり。（法63条については，法15Ⅵ，16Ⅱに特則あり。一問一答171頁）
	2　終局決定がされた後において，非訟事件の申立ての取下げをするときは，取下げの理由を明らかにしなければならない。	×規8Ⅲで適用除外。	
	3　前項に規定する場合において，裁判所が取下げを許可したときは，裁判所書記官は，その旨を当事者及び利害関係参加人並びにこれらの者以外の裁判を受ける者に通知しなければならない。	×規8Ⅲで適用除外。	
	4　第一項の規定は，法第六十四条の規定により申立ての取下げがあったものとみなされた場合について準	○	

非訟条文	非訟事件手続規則の規定	発信者情報開示命令事件手続規則（適用） （「法」は改正後のプロバイダ責任制限法を，「規」は発信者情報開示命令事件手続規則を，「非訟規則」は非訟事件手続規則を指す）	
		発信者情報開示命令事件	提供命令事件及び消去禁止命令事件
	用する。		
第五十条	（和解・法第六十五条） 　非訟事件における和解については，民事訴訟規則第三十二条，第百六十三条及び第百六十四条の規定を準用する。	○	△ 類推適用 （法 65 条は類推適用。一問一答 171 頁）
第四章　不服申立て 　第一節　終局決定に対する不服申立て 　　第一款　即時抗告			
第五十一条	（抗告状の写しの添付・法第六十九条） 　終局決定に対する即時抗告をするときは，抗告状には，原審における当事者及び利害関係参加人（抗告人を除く。）の数と同数の写しを添付しなければならない。	×	× 非訟規則 70で準用除外。
第五十二条	（原決定の取消事由等を記載した書面） 　終局決定に対する即時抗告（再抗告を除く。次条第一項において同じ。）をする場合において，抗告状に原決定の取消し又は変更を求める事由の具体的な記載がないときは，抗告人は，即時抗告の提起後十四日以内に，これらを記載した書面を原裁判所に提出しなければならない。 2　前条の規定は，前項の書面について準用する。	×	× 非訟規則 70で準用除外。
第五十三条	（即時抗告の提起による事件送付）	×	△

非訟条文	非訟事件手続規則の規定	発信者情報開示命令事件手続規則（適用）（「法」は改正後のプロバイダ責任制限法を，「規」は発信者情報開示命令事件手続規則を，「非訟規則」は非訟事件手続規則を指す）	
		発信者情報開示命令事件	提供命令事件及び消去禁止命令事件
	終局決定に対する即時抗告があった場合には，原裁判所は，抗告却下の決定をしたときを除き，遅滞なく，事件を抗告裁判所に送付しなければならない。 2　前項の規定による事件の送付は，原裁判所の裁判所書記官が，抗告裁判所の裁判所書記官に対し，非訟事件の記録を送付してしなければならない。		非訟規則70で準用。
第五十四条	（原裁判所の意見） 　抗告裁判所に事件を送付するときは，原裁判所は，抗告事件についての意見を付さなければならない。	×	△ 非訟規則70で準用。
第五十五条	（原決定の取消事由等を記載した書面の写しの送付） 　第五十三条第一項の規定により原裁判所から事件の送付を受けた場合には，抗告裁判所は，即時抗告が不適法であるとき又は即時抗告に理由がないことが明らかなときを除き，原審における当事者及び利害関係参加人（抗告人を除く。）に対し，第五十二条第一項の書面（即時抗告の提起後十四日以内に提出されたものに限る。）の写しを送付しなければならない。	×	× 非訟規則70で準用除外。
第五十六条	（執行停止の申立ての方式・法第七十二条） 　法第七十二条第一項ただし書の申	×	△ 非訟規則70で準用。

非訟条文	非訟事件手続規則の規定	発信者情報開示命令事件手続規則（適用）（「法」は改正後のプロバイダ責任制限法を，「規」は発信者情報開示命令事件手続規則を，「非訟規則」は非訟事件手続規則を指す）	
		発信者情報開示命令事件	提供命令事件及び消去禁止命令事件
	立ては，書面でしなければならない。		
第五十七条	（原審の決定書の引用） 　抗告審の決定書における理由の要旨の記載は，原審の決定書を引用してすることができる。	×	△ 非訟規則 70で準用。
第五十八条	（第一審の手続の規定及び民事訴訟規則の準用・法第七十三条） 　終局決定に対する即時抗告及びその抗告審に関する手続については，特別の定めがある場合を除き，前章の規定を準用する。	×	△ 非訟規則 70で準用。
	2　民事訴訟規則第百七十三条，第百七十七条及び第百八十五条の規定は，終局決定に対する即時抗告及びその抗告審に関する手続について準用する。この場合において，同規則第百七十三条第三項及び第百七十七条第二項中「相手方」とあるのは，「原審における当事者及び利害関係参加人」と読み替えるものとする。	×	△ 非訟規則 70条で準用。
第五十九条	（再抗告をする場合における費用の予納・法第七十四条） 　再抗告をするときは，抗告状の写しの送付に必要な費用のほか，抗告提起通知書の送達及び送付，抗告理由書の写しの送付，裁判の告知並びに再抗告が係属する抗告裁判所が非訟事件の記録の送付を受けた旨の通知に必要な費用の概算額を予納しなければならない。	適用される場面がない。	適用される場面がない。

非訟条文	非訟事件手続規則の規定	発信者情報開示命令事件手続規則（適用）（「法」は改正後のプロバイダ責任制限法を，「規」は発信者情報開示命令事件手続規則を，「非訟規則」は非訟事件手続規則を指す）	
		発信者情報開示命令事件	提供命令事件及び消去禁止命令事件
第六十条	（再抗告の抗告提起通知書の送達及び送付・法第七十四条） 　再抗告があった場合には，原裁判所は，抗告状却下の命令又は法第六十八条第三項の規定による抗告却下の決定があったときを除き，抗告提起通知書を，抗告人に送達するとともに，原審における当事者及び利害関係参加人（抗告人を除く。）に送付しなければならない。	適用される場面がない。	適用される場面がない。
第六十一条	（再抗告の抗告理由書の提出期間・法第七十四条） 　再抗告の抗告理由書の提出の期間は，抗告人が前条の規定による抗告提起通知書の送達を受けた日から十四日とする。	適用される場面がない。	適用される場面がない。
第六十二条	（再抗告の理由を記載した書面の写しの添付・法第七十四条） 　再抗告の理由を記載した書面には，原審における当事者及び利害関係参加人（抗告人を除く。）の数に四を加えた数の写しを添付しなければならない。	適用される場面がない。	適用される場面がない。
第六十三条	（再抗告の提起による事件送付等・法第七十四条） 　再抗告があった場合には，原裁判所は，抗告状却下の命令又は抗告却下の決定があったときを除き，事件を抗告裁判所に送付しなければならない。	適用される場面がない。	適用される場面がない。

非訟条文	非訟事件手続規則の規定	発信者情報開示命令事件手続規則（適用） （「法」は改正後のプロバイダ責任制限法を，「規」は発信者情報開示命令事件手続規則を，「非訟規則」は非訟事件手続規則を指す）	
		発信者情報開示命令事件	提供命令事件及び消去禁止命令事件
	2 前項の規定による事件の送付は，原裁判所の裁判所書記官が，抗告裁判所の裁判所書記官に対し，非訟事件の記録を送付してしなければならない。 3 前項の規定による非訟事件の記録の送付を受けたときは，抗告裁判所の裁判所書記官は，速やかに，その旨を原審における当事者及び利害関係参加人に通知しなければならない。		
第六十四条	（再抗告の抗告理由書の写しの送付・法第七十四条） 前条第一項の規定により原裁判所から事件の送付を受けた場合には，抗告裁判所は，再抗告が不適法であるとき又は再抗告に理由がないことが明らかなときを除き，原審における当事者及び利害関係参加人（抗告人を除く。）に対し，再抗告の抗告理由書の写しを送付しなければならない。	適用される場面がない。	適用される場面がない。
第六十五条	（再抗告及びその抗告審に関する民事訴訟規則の準用・法第七十四条） 民事訴訟規則第百九十条から第百九十三条まで，第百九十六条，第二百二条及び第二百三条の規定は，再抗告及びその抗告審に関する手続について準用する。この場合において，同規則第百九十条第二項中「法第三百十二条（上告の理由）第二項	適用される場面がない。	適用される場面がない。

非訟条文	非訟事件手続規則の規定	発信者情報開示命令事件手続規則（適用）（「法」は改正後のプロバイダ責任制限法を,「規」は発信者情報開示命令事件手続規則を,「非訟規則」は非訟事件手続規則を指す）	
		発信者情報開示命令事件	提供命令事件及び消去禁止命令事件
	各号」とあるのは「非訟事件手続法第七十四条第一項第二号から第六号まで」と，同規則第百九十六条第一項中「第百九十四条（上告理由書の提出期間）」とあるのは「非訟事件手続規則第六十一条」と読み替えるものとする。		
第二款	特別抗告		
第六十六条	（即時抗告の規定及び民事訴訟規則の準用等・法第七十六条）　第五十一条及び第五十六条から第六十四条までの規定は，特別抗告及びその抗告審に関する手続について準用する。この場合において，第六十二条中「四」とあるのは，「六」と読み替えるものとする。 2　民事訴訟規則第五十条の二，第百九十条第一項，第百九十二条，第百九十三条，第百九十六条，第百九十七条第一項後段及び第二百二条の規定は，特別抗告及びその抗告審に関する手続について準用する。この場合において，同規則第百九十六条第一項中「第百九十四条（上告理由書の提出期間）」とあるのは「非訟事件手続規則第六十六条第一項において準用する同規則第六十一条」と，「第百九十条（法第三百十二条第一項及び第二項の上告理由の記載の方式）又は第百九十一条（法第三百十二条第三項の上告理由の記載の	×	△ 非訟規則70で準用。

非訟条文	非訟事件手続規則の規定	発信者情報開示命令事件手続規則（適用） （「法」は改正後のプロバイダ責任制限法を,「規」は発信者情報開示命令事件手続規則を,「非訟規則」は非訟事件手続規則を指す）	
		発信者情報開示命令事件	提供命令事件及び消去禁止命令事件
	方式)」とあるのは「同規則第六十六条第二項において準用する第百九十条第一項」と，同規則第百九十七条第一項後段中「この場合」とあるのは「非訟事件手続規則第六十六条第一項において準用する同規則第六十三条第一項の規定により事件を抗告裁判所に送付する場合」と読み替えるものとする。 3　終局決定に対する特別抗告があった場合において，原裁判所が非訟事件の記録を送付する必要がないと認めたときは，第一項において準用する第六十三条第二項の規定にかかわらず，原裁判所の裁判所書記官は，抗告事件の記録のみを抗告裁判所の裁判所書記官に送付すれば足りる。 4　前項の規定により抗告事件の記録が送付された場合において，抗告裁判所が同項の非訟事件の記録が必要であると認めたときは，抗告裁判所の裁判所書記官は，速やかに，その送付を原裁判所の裁判所書記官に求めなければならない。		
第三款　許可抗告			
第六十七条	（即時抗告の規定及び民事訴訟規則の準用等・法第七十八条） 　第五十一条及び第五十六条から第六十四条までの規定は，許可抗告及びその抗告審に関する手続について	×	△ 非訟規則70で準用。

非訟条文	非訟事件手続規則の規定	発信者情報開示命令事件手続規則（適用）（「法」は改正後のプロバイダ責任制限法を，「規」は発信者情報開示命令事件手続規則を，「非訟規則」は非訟事件手続規則を指す）	
		発信者情報開示命令事件	提供命令事件及び消去禁止命令事件
	準用する。この場合において，第五十一条中「終局決定に対する即時抗告」とあり，並びに第六十条，第六十二条及び第六十三条第一項中「再抗告」とあるのは「法第七十七条第二項の申立て」と，第五十一条及び第五十九条中「抗告状」とあるのは「法第七十七条第二項の規定による許可の申立書」と，同条中「再抗告を」とあるのは「法第七十七条第二項の申立てを」と，同条から第六十一条までの規定中「抗告提起通知書」とあるのは「抗告許可申立て通知書」と，第五十九条中「抗告理由書」とあり，並びに第六十一条及び第六十四条中「再抗告の抗告理由書」とあるのは「法第七十七条第二項の申立てに係る理由書」と，第六十条及び第六十三条第一項中「抗告状却下」とあるのは「法第七十七条第二項の規定による許可の申立書の却下」と，第六十条中「法第六十八条第三項の規定による抗告却下」とあり，及び第六十三条第一項中「抗告却下」とあるのは「法第七十七条第二項の申立ての却下若しくは不許可」と，第六十二条中「四」とあるのは「六」と，第六十四条中「再抗告が不適法であるとき又は再抗告」とあるのは「法第七十七条第二項の申立てが不適法であるとき又は同項の申立て」と読み替えるものとす		

非訟条文	非訟事件手続規則の規定	発信者情報開示命令事件手続規則（適用） （「法」は改正後のプロバイダ責任制限法を，「規」は発信者情報開示命令事件手続規則を，「非訟規則」は非訟事件手続規則を指す）	
		発信者情報開示命令事件	提供命令事件及び消去禁止命令事件
	る。 2　民事訴訟規則第百九十二条，第百九十三条，第百九十六条及び第百九十九条第一項の規定は法第七十七条第二項の申立てについて，同規則第二百条の規定は法第七十七条第二項の規定による許可をする場合について，同規則第百九十七条第一項後段の規定は前項において読み替えて準用する第六十三条第一項の規定により事件を抗告裁判所に送付する場合について，同規則第五十条の二及び第二百二条の規定は許可抗告の抗告審に関する手続について準用する。この場合において，同規則第百九十六条第一項中「第百九十四条（上告理由書の提出期間）」とあるのは「非訟事件手続規則第六十七条第一項において読み替えて準用する同規則第六十一条」と，「第百九十条（法第三百十二条第一項及び第二項の上告理由の記載の方式）又は第百九十一条（法第三百十二条第三項の上告理由の記載の方式）」とあるのは「同規則第六十七条第二項において準用する第百九十九条第一項」と，同条第二項中「法第三百十六条（原裁判所による上告の却下）第一項第二号の規定による上告却下」とあるのは「非訟事件手続法第七十七条第二項の申立ての不許可」と，「法第三百十五条（上告の理由の記		

非訟条文	非訟事件手続規則の規定	発信者情報開示命令事件手続規則（適用） （「法」は改正後のプロバイダ責任制限法を，「規」は発信者情報開示命令事件手続規則を，「非訟規則」は非訟事件手続規則を指す）	
		発信者情報開示命令事件	提供命令事件及び消去禁止命令事件
	載）第二項」とあるのは「非訟事件手続規則第六十七条第二項において準用する第百九十九条第一項」と読み替えるものとする。 3 終局決定について法第七十七条第二項の規定による許可があった場合において，原裁判所が非訟事件の記録を送付する必要がないと認めたときは，第一項において準用する第六十三条第二項の規定にかかわらず，原裁判所の裁判所書記官は，抗告事件の記録のみを抗告裁判所の裁判所書記官に送付すれば足りる。 4 前項の規定により抗告事件の記録が送付された場合において，抗告裁判所が同項の非訟事件の記録が必要であると認めたときは，抗告裁判所の裁判所書記官は，速やかに，その送付を原裁判所の裁判所書記官に求めなければならない。		
第二節 終局決定以外の裁判に対する不服申立て			
第六十八条	（抗告状の記載事項・法第七十九条） 　終局決定以外の裁判に対する即時抗告（再抗告を除く。）をするときは，抗告状には，原裁判の取消し又は変更を求める事由を具体的に記載しなければならない。	×	○
第六十九条	（即時抗告の提起に係る記録の送付・法第七十九条） 　終局決定以外の裁判に対する即時	×	○

非訟条文	非訟事件手続規則の規定	発信者情報開示命令事件手続規則（適用） （「法」は改正後のプロバイダ責任制限法を，「規」は発信者情報開示命令事件手続規則を，「非訟規則」は非訟事件手続規則を指す）	
		発信者情報開示命令事件	提供命令事件及び消去禁止命令事件
	抗告（第三項の即時抗告を除く。）があった場合において，原裁判所が非訟事件の記録を送付する必要がないと認めたときは，次条において準用する第五十三条第二項及び第六十三条第二項の規定にかかわらず，原裁判所の裁判所書記官は，抗告事件の記録のみを抗告裁判所の裁判所書記官に送付すれば足りる。 2　前項の規定により抗告事件の記録が送付された場合において，抗告裁判所が同項の非訟事件の記録が必要であると認めたときは，抗告裁判所の裁判所書記官は，速やかに，その送付を原裁判所の裁判所書記官に求めなければならない。 3　法第三十二条第九項の規定による即時抗告があったときは，次条において準用する第五十三条第二項及び第六十三条第二項の規定にかかわらず，原裁判所の裁判所書記官は，抗告事件の記録のみを抗告裁判所の裁判所書記官に送付するものとする。 4　前項の場合には，同項の記録に，抗告事件についての原裁判所の意見を記載した書面及び抗告事件の審理に参考となる資料を添付しなければならない。	× （第3項の行）	適用される場面がない。
第七十条	（終局決定に対する不服申立ての規定の準用・法第八十二条）	×	○

非訟条文	非訟事件手続規則の規定	発信者情報開示命令事件手続規則（適用） （「法」は改正後のプロバイダ責任制限法を，「規」は発信者情報開示命令事件手続規則を，「非訟規則」は非訟事件手続規則を指す）	
		発信者情報開示命令事件	提供命令事件及び消去禁止命令事件
	前節の規定（第五十一条（第六十六条第一項及び第六十七条第一項において準用する場合を含む。），第五十二条及び第五十五条の規定を除く。）は，裁判所，裁判官又は裁判長がした終局決定以外の裁判に対する不服申立てについて準用する。		
第五章　再審			
第七十一条	（再審の手続・法第八十三条） 　再審の申立書には，不服の申立てに係る裁判書の写しを添付しなければならない。 2　前項に規定するほか，再審の手続については，その性質に反しない限り，各審級における非訟事件の手続に関する規定を準用する。	○	×
第七十二条	（執行停止の申立ての方式・法第八十四条） 　第五十六条の規定は，法第八十四条第一項の規定による申立てについて準用する。	○	×
第六章　雑則			
第七十三条	（法の規定を準用する他の法令の規定による非訟事件の手続への準用） 　前各章の規定は，その性質に反しない限り，他の法令において準用する法第二条の規定によりその手続に関し必要な事項を最高裁判所規則で定めるべき事件の手続について準用	非訟法2条を準用する手続ではない。	非訟法2条を準用する手続ではない。

非訟条文	非訟事件手続規則の規定	発信者情報開示命令事件手続規則（適用） （「法」は改正後のプロバイダ責任制限法を，「規」は発信者情報開示命令事件手続規則を，「非訟規則」は非訟事件手続規則を指す）	
		発信者情報開示命令事件	提供命令事件及び消去禁止命令事件
	する。		

※　発信者情報開示命令の申立てについての決定（当該申立てを不適法として却下する決定を除く）に対しては，異議の訴えを提起することができるため（法14），非訟事件手続規則51〜58，66及び67の規定は適用されない。他方で，当該申立てを不適法として却下する決定は，異議の訴えの対象とはならないため，これに対する不服申立てについては，非訟事件手続規則51〜58，66及び67の規定が適用される。

第 3 編

共有に関する非訟事件及び土地等の管理に関する
非訟事件に関する手続規則の概要

共有に関する非訟事件及び土地等の管理に関する非訟事件に関する手続規則の概要

岩 井 一 真

野 口 晶 寛

第1　はじめに

　いわゆる所有者不明土地に関わる問題について，民法等の一部を改正する法律（令和3年法律第24号。以下「改正法」という。）が令和3年4月28日に公布された。

　改正法は，相隣関係規定の見直し，共有制度の見直し，長期間経過後の遺産分割における相続分の見直し，財産管理制度の見直しなどを内容とするものであり，[1]民事非訟事件として，共有物の管理に係る決定に係る非訟事件の手続（非訟事件手続法第85条），所在等不明共有者の持分の取得の裁判に係る非訟事件の手続（同法第87条），所在等不明共有者の持分を譲渡する権限の付与の裁判に係る非訟事件の手続（同法第88条），所有者不明土地管理命令及び所有者不明建物管理命令（以下「所有者不明土地管理命令等」という。）に係る非訟事件の手続（同法第90条）並びに管理不全土地管理命令及び管理不全建物管理命令（以下「管理不全土地管理命令等」という。）に係る非訟事件の手続（同法第91条）を設けたところ，非訟事件手続法第2条は，同法のほか，非訟事件の手続に関し必要な事項は，最高裁判所規則

1　改正法の内容については，村松秀樹・大谷太編著「Q&A令和3年改正民法・改正不登法・相続土地国庫帰属法」（きんざい，2022年）参照

で定めるとしており，改正法において設けられた非訟事件の手続に関して，最高裁判所規則を定めることが必要な状況にあった。

そこで，改正法において設けられた各非訟事件の手続のほか，所有者不明土地管理命令等及び管理不全土地管理命令等に係る非訟事件の手続と類似している，特定不能土地等管理命令及び特定社団等帰属土地等管理命令（以下「特定不能土地等管理命令等」という。）に係る非訟事件の手続（表題部所有者不明土地の登記及び管理の適正化に関する法律（令和元年法律第15号。以下「表題部所有者不明土地法」という。）第19条，第30条）を対象として，新たに共有に関する非訟事件及び土地等の管理に関する非訟事件に関する手続規則（令和4年最高裁判所規則第13号。以下「本規則」という。）が定められ，令和4年5月13日に公布された[2]。

改正法及び本規則は，令和5年4月1日から施行される（改正法附則第1条本文，令和3年政令第332号，本規則附則第1条）。

本稿は，本規則の概要を紹介するものである。なお，本稿中の意見にわたる部分は，筆者の個人的見解である。

第2　本規則の概要

本規則は，第1章・総則（第1条から第4条まで）において，本規則が対象とする各手続に共通する事項を定め，第2章・共有に関する非訟事件（第5条から第8条まで）において，共有物の管理に係る決定に係る非訟事件，所在等不明共有者の持分の取得の裁判に係る非訟事件及び所在等不明共有者の持分を譲渡する権限の付与の裁判に係る非訟事件の各手続に関する事項を定め，第3章・土地等の管理に関する非訟事件（第9条から第16条まで）において，所有者不明土地管理命令等に係る非訟事件，管理不全

2　なお，本規則の制定に伴って不要となる会社非訟事件等手続規則第44条の2は削除された（本規則附則第2条）。

土地管理命令等に係る非訟事件及び特定不能土地等管理命令等に係る非訟事件の各手続に関する事項を定めている。以下，各条の概要を説明する。

1　第1条（申立て等の方式・非訟事件手続法第85条，第87条，第88条，第90条及び第91条並びに表題部所有者不明土地法第19条及び第30条関係）

（申立て等の方式）

第一条　民法（明治二十九年法律第八十九号）第二編第三章第三節（同法第二百六十二条の規定を除く。）から第五節までの規定及び表題部所有者不明土地の登記及び管理の適正化に関する法律（令和元年法律第十五号）の規定による非訟事件の手続に関する申立て，届出及び裁判所に対する報告は，特別の定めがある場合を除き，書面でしなければならない。

---

(1)　本条の趣旨

　　民法第二編第三章第三節（同法第262条の規定を除く。）から第五節までの規定及び表題部所有者不明土地法の規定による非訟事件（以下「共有物の管理に係る決定に係る非訟事件等」という。）の手続に関する申立て，届出及び裁判所に対する報告の有無及びその内容は，手続上，これを明確にしておく必要がある。そこで，本条は，共有物の管理に係る決定に係る非訟事件等の申立て等については，特別の定めがある場合を除き，書面によらなければならないこととしたものであり，非訟事件手続規則第4条の準用する民事訴訟規則第1条の特則的規定に当たる。

(2)　申立て，届出及び裁判所に対する報告

　　本条の「申立て」には，非訟事件手続法第43条第1項の規定する「非訟事件の申立て[3]」も含まれるが，これを書面でしなければならないこと

3　「非訟事件の申立て」とは，裁判所に対し一定の内容の終局決定を求める行

は，既に同項が規定しているから，この部分に関する本条の規律は，確認的な内容を定めていることになる。本条の「申立て」には，基本手続開始の申立てのほか，付随的ないし派生的な申立ても含まれる。

　本条の「届出」としては，当該他の共有者等による共有物の管理に係る決定をすることについて異議がある旨の届出（非訟事件手続法第85条第2項第2号），所有者不明土地管理命令等の対象となるべき土地ないし建物の所有者による上記管理命令をすることについて異議がある旨の届出（非訟事件手続法第90条第2項第2号（第16項で準用される場合を含む。））等がある。

　本条の「報告」としては，所有者不明土地管理人による管理処分行為の経過報告又は任務終了の報告が考えられる。

　本条の定める「特別の定め」とは，移送の申立て（非訟事件手続規則7条が準用する民事訴訟規則第7条第1項）などが存在する。

2　第2条（申立人に対する資料の提出の求め・非訟事件手続法第85条，第87条，第88条，第90条及び第91条並びに表題部所有者不明土地法第19条及び第30条関係）

（申立人に対する資料の提出の求め）

第二条　裁判所は，前条の申立てをした者又はしようとする者に対し，当該申立てに関する申立書及び当該申立書に添付すべき書類のほか，申立てを理由づける事実に関する資料その他同条の手続の円滑な進行を図るために必要な資料の提出を求めることができる。

---

(1)　本条の趣旨

為をいい，いわゆる本案の申立てを意味するとされている（金子修「一問一答非訟事件手続法」（商事法務，2022年）16頁）。

本条は，裁判所が，その職権調査の一環として，規則上提出すること
を定められた共有物の管理に係る決定に係る非訟事件等の手続に関する
申立てに関する申立書及びその添付書類以外にも，申立てを理由づける
事実に関する資料その他共有物の管理に係る決定に係る非訟事件等の手
続の円滑な進行を求めることができることを定めた規定である。

(2) 提出を求めることができる資料

本条の規定により提出を求めることができる資料としては，既存の資
料のほか，裁判所の求めに応じて申立人が作成する資料や，申立書の記
載事項を追完して記載した書面も含まれる。

共有物の管理に係る決定に係る非訟事件等の手続に関する申立てに対
する判断のために必要な資料は様々であり，必要な添付書面を全て規定
するのはかえって煩雑で分かりにくいことから，本規則においては，原
則として，非訟事件の類型ごとに，手続に共通して必要と考えられる最
低限の添付書類のみを規則に規定し（第6条（第8条で準用される場合を
含む。），第10条第1項（第15条及び第16条で準用される場合を含む。）），個別
の申立てごとに裁判所が必要と考える資料については，本条によりその
提出を求めることができることとし，柔軟な対応を可能にしているもの
である。本条により提出を求めることが考えられる資料としては，共有
物の管理に係る決定の対象物の共有者や所有者不明土地管理命令の対象
となるべき土地の所有者が所在不明であることを証するための同人の住
民票，共有物の管理に係る決定に係る非訟事件等の対象物（共有持分を
含む。）に関する資料等が考えられる。

なお，非訟事件手続規則第37条第4項も，裁判所が申立人に対して，
非訟事件の手続の円滑な進行を図るために必要な資料の提出を求めるこ
とができる旨規定しているが，本条は，これに限らず，①申立てを理由
づける事実に関する資料等の提出をも求めることができる点，②「申立
てをしようとする者」に対しても資料の提出を求めることができる点に

おいて，非訟事件手続規則第37条第4項よりも広い範囲を適用対象とするものであり，共有物の管理に係る決定に係る非訟事件等に関する手続については，本条が非訟事件手続規則第37条第4項に優先して適用されることになる。①の点については，共有物の管理に係る決定に係る非訟事件における共有者の所在に関する事情や調査状況等，共有物の管理に係る決定に係る非訟事件等に関する手続を申し立てる者の利害関係やその必要性等は様々であるから，申立書の提出直後に，職権調査の一環として，申立人に対して申立てを理由づける事実に関する資料等の提出を求める場合があり得ることを踏まえたものであり，また，②の点は，所有者不明土地管理命令等の対象となるべき土地等の状況に鑑み，申立時に予納金等について迅速な判断をする必要がある場合には，裁判所が，円滑な手続の進行のため，所有者不明土地管理命令等の申立てをしようとする者に対し，事前に，判断に必要と考えられる資料の提出を求め，申立てと同時に提出してもらうことなどがあり得ると考えられたためである。

3　第3条（裁判所書記官の事実調査・非訟事件手続法第85条，第87条，第88条，第90条及び第91条並びに表題部所有者不明土地法第19条及び第30条関係）

（裁判所書記官の事実調査）

第三条　裁判所は，相当と認めるときは，第一条の申立てを理由づける事実の調査を裁判所書記官に命じて行わせることができる。

　本条は，裁判所が，相当と認めるときは，共有物の管理に係る決定に係る非訟事件等の手続に関する「申立てを理由づける事実」の調査を裁判所書記官に命じて行わせることができることを確認的に定めたものである。

4　第4条（公告の方法等・非訟事件手続法第85条，第87条，第88条及び第90条関係）

（公告の方法等）

第四条　公告は，特別の定めがある場合を除き，裁判所の掲示場その他裁判所内の公衆の見やすい場所に掲示し，かつ，官報に掲載してする。

2　公告に関する事務は，裁判所書記官が取り扱う。

(1)　本条の趣旨

　本条は，公告は原則として裁判所の掲示場その他裁判所内の公衆の見やすい場所に掲示し，かつ，官報に掲載してする旨（第1項）及び公告に関する事務は裁判所書記官が取り扱う旨（第2項）を定めるものであり，家事事件手続規則第4条と同趣旨の規定である。

(2)　公告の方法（第1項）

　本項は，公告の方法として，原則として裁判所の掲示場その他裁判所内の公衆の見やすい場所に掲示し，かつ，官報に掲載してする旨を定めるものである。

(3)　公告に関する事務（第2項）

　本条2項の規定により裁判所書記官が事務を取り扱うことになる公告としては，①共有物の管理に係る裁判（民法第251条第2項，第252条第2項第1号，第252条の2第2項（これらの規定を同法第264条において準用する場合を含む。）の規定による裁判）に係る非訟事件手続における公告（非訟事件手続法第85条第2項），②所在等不明共有者の持分の取得の裁判（民法第262条の2第1項（同条第5項において準用する場合を含む。）の規定による裁判）に係る非訟事件手続における公告（非訟事件手続法第87条第2項）及び③所在等不明共有者の持分を譲渡する権限の付与の裁判（民

法第262条の３第１項（同条第４項において準用する場合を含む。）の規定による裁判）に係る非訟事件手続における公告（非訟事件手続法第88条第２項において準用する第87条第２項）のほか，④所有者不明土地管理命令等に係る非訟事件手続における公告（非訟事件手続法第90条第２項（同条第16項において準用する場合を含む。））がある。

5　第５条（申立書の記載事項・非訟事件手続法第85条関係）

（申立書の記載事項）

第五条　民法第二百五十一条第二項，第二百五十二条第二項及び第二百五十二条の二第二項（これらの規定を同法第二百六十四条において準用する場合を含む。）の規定による裁判に係る非訟事件の手続に関する申立書には，申立ての趣旨及び原因並びに申立てを理由づける事実を記載するほか，次に掲げる事項を記載し，申立人又は代理人が記名押印しなければならない。

一　当事者の氏名又は名称及び住所並びに法定代理人の氏名及び住所

二　申立てに係る共有物又は民法第二百六十四条に規定する数人で所有権以外の財産権を有する場合における当該財産権（以下この条から第七条までにおいて単に「共有物」という。）の表示

２　前項の申立書には，同項に規定する事項のほか，次に掲げる事項を記載するものとする。

一　代理人（前項第一号の法定代理人を除く。）の氏名及び住所

二　申立てに係る共有物の共有者（申立人を除く。）の氏名又は名称及び住所並びに法定代理人の氏名及び住所

三　申立てを理由づける具体的な事実ごとの証拠

四　事件の表示

五　附属書類の表示

六　年月日

七　裁判所の表示

八　申立人又は代理人の郵便番号及び電話番号（ファクシミリの番号
　を含む。）

九　その他裁判所が定める事項

(1)　本条の趣旨

　　本条は，民法第251条第2項，第252条第2項，第252条の2第2項
　（これらの規定を同法第264条において準用する場合を含む。）の規定による
　裁判（共有物の管理に係る決定）に係る非訟事件（非訟事件手続法第85条）
　に関する申立書の記載事項について定めた規定である（なお，共有物の
　管理に係る決定に係る非訟事件では，当該事件を基本事件として，別途事件
　が進行することは想定されないから，本規則第9条第3項と同旨の規定は設
　けていない。）。

(2)　申立書の必要的記載事項（第1項）

　　本項は，共有物の管理に係る決定に係る非訟事件に関する申立書の必
　要的記載事項を定めたものである（なお，本条は，「申立ての趣旨及び原
　因」，「申立てを理由づける事実」の記載が求められる書面であることを前提
　にしていることからすると，例えば，非訟事件手続法の規定に基づく移送，
　忌避等の申立書には，性質上，本条の適用はないものと解される。）。

　　非訟事件手続法第43条第2項第2号は，非訟事件の申立書には「申立
　ての趣旨及び原因」を記載しなければならない旨を，非訟事件手続規則
　第37条第1項は，非訟事件の申立書には「申立てを理由づける事実」を
　記載しなければならない旨を，それぞれ定めているが，本項では，これ
　らの記載が必要であることを確認的に明らかにしている。なお，「申立
　ての趣旨」とは，申立人が求める裁判の内容を，「申立ての原因」は
　「申立ての趣旨」と相まって裁判を求める事項を特定するのに必要な事

項を，それぞれ指すとされている。[4]

　本項記載の「申立ての趣旨及び原因」や「共有物」の記載を欠き，裁判を求める事項が特定されない場合や，本項記載の当事者の氏名や住所等の記載を欠き，当事者が特定されない場合には，申立書の補正命令（非訟事件手続法第43条第4項）や却下命令（非訟事件手続法第43条第5項）がされることになる。なお，本条は，非訟事件手続規則第1条第1項の内容と重複する部分があるが，共有物の管理に係る決定に係る非訟事件の手続に関する申立書の記載事項については，本条第1項及び第2項が優先的に適用されるので，上記規則の適用はない。

　ア　第1号

　　本号は，当事者の氏名又は名称及び住所並びに法定代理人の氏名及び住所を記載すべきことを定めるものである。

　　相手方のない事件である共有物の管理に係る決定に係る非訟事件の手続においては，「当事者」とは，申立人を指す。また，本号は，法定代理人の氏名及び住所も必要的記載事項としているが，法定代理人に関する規定は法人の代表者についても準用されるので（非訟事件手続規則第14条），当事者が法人であるときは，代表者の氏名及び住所を記載することも要する。

　イ　第2号

　　本号は，申立てに係る共有物又は民法第264条に規定する数人で所有権以外の財産権を有する場合における当該財産権（以下，後記(3)，6及び7において単に「申立てに係る共有物」という。）を記載すべきことを定めるものである。

(3)　申立書の任意的記載事項（第2項）

　本項は，共有物の管理に係る決定に係る非訟事件の手続に関する申立

4　金子修「逐条解説非訟事件手続法」（商事法務，2015年）166頁

書の任意的記載事項を定めたものである。

ア　第1号

　　本号は，手続代理人の氏名及び住所を記載すべきことを定めるもの
　である。

イ　第2号

　　本号は，申立てに係る共有物の共有者（申立人を除く。）の氏名又は
　名称及び住所並びに法定代理人の氏名及び住所を記載すべきことを定
　めるものである（なお，共有者の中に，氏名又は名称及び住所が不明であ
　る者がいる場合が想定されるところ，その場合には，判明した範囲で記載
　すれば足りる。）。

ウ　第3号

　　本号は，申立てを理由づける具体的な事実ごとに証拠を記載すべき
　ことを定めるものである。申立てを理由づける事実についての証拠書
　類があるときは，本号の記載をするとともに，非訟事件手続規則第37
　条第3項の規定に基づいて，当該証拠書類の写しを申立書に添付しな
　ければならない。

エ　第4号から第8号まで

　　本項第4号から第8号までは，非訟事件手続規則第1条第1項第2
　号から第6号までと同一の事項を記載すべきことを定めたものであ
　る。これは，同項の定める規則事項のうち，一部の記載事項のみを本
　条で規定し，その余については同項の適用があるとすることは分かり
　やすさの観点から好ましくないため，共有物の管理に係る決定に係る
　非訟事件の手続に関する申立書の記載事項については，全て本条で規
　定することとして，非訟事件手続規則第1条第1項の適用はないとの
　整理を行ったことによるものである。

オ　第9号

　　本号は，共有物の管理に係る決定に係る非訟事件の手続に関する申

立書には，本条第1項及び第2項第1号から第8号までに規定する事項以外にも，裁判所が定める事項を記載すべきことを定める規定である。共有物の管理に係る決定に係る非訟事件の手続に関する申立てに対する判断のために必要な事項は事案により様々であり，必要な事項を全て規定するのはかえって煩雑で分かりにくいことから，本規則においては，原則として，共有物の管理に係る決定に係る非訟事件の手続に関する申立てに共通して必要と考えられる最低限の記載事項のみを規定し，個別の申立てごとに裁判所が必要と考える事項については，本号又は本規則第2条により，それらを記載した書面の提出を求めることができることとし，柔軟な対応を可能にしているものである。

6　第6条（申立書の添付書類・非訟事件手続法第85条関係）

（申立書の添付書類）

第六条　申立てに係る共有物が不動産又は不動産に関する所有権以外の財産権である場合には，前条第一項の申立書には，当該不動産の登記事項証明書を添付しなければならない。

本条は，申立てに係る共有物が不動産又は不動産に関する所有権以外の財産権である場合における共有物の管理に係る決定に係る非訟事件の手続に関する申立書の添付書類について定めた規定である。

共有物の管理に係る決定に係る非訟事件の手続の管轄は当該裁判に係る共有物又は民法第264条に規定する数人で所有権以外の財産権を有する場合における当該財産権の所在地を管轄する地方裁判所とされており，申立てに係る共有物が不動産である場合には，共有物の管理に係る決定に係る非訟事件の管轄の有無を審査するために，不動産の登記事項証明書が必要不可欠であることなどから，本条は，申立てに係る共有物が不動産又は不

動産に関する所有権以外の財産権である場合における共有物の管理に係る決定に係る非訟事件の申立書には登記事項証明書を添付しなければならない旨定めたものである。

7　第7条（公告すべき事項・非訟事件手続法第85条関係）

（公告すべき事項）

第七条　非訟事件手続法（平成二十三年法律第五十一号）第八十五条第二項の規定による公告には，同項各号に掲げる事項のほか，次に掲げる事項を掲げなければならない。

一　申立人の氏名又は名称及び住所

二　申立てに係る共有物の表示

三　当該他の共有者等の氏名又は名称及び住所

本条は，共有物の管理に係る決定に係る非訟事件の公告事項を定めた規定である。

本条が規定する公告すべき事項は第1号から第3号までのとおりであり，本条は，これらの事項が相まって，非訟事件手続法第85条第2項第2号に規定する当該他の共有者等の手続保障を図ろうとするものである。

(1)　第1号

本号は，申立人の氏名又は名称及び住所を公告すべきことを定めた規定である。

(2)　第2号

本号は，申立てに係る共有物を公告すべきことを定めた規定である。

(3)　第3号

本号は，当該他の共有者等の氏名又は名称及び住所を公告すべきことを定めた規定である（なお，当該他の共有者等の氏名又は名称及び住所が不明である場合には，その旨公告すれば足りる。）。

8 第8条（所在等不明共有者の持分の取得の裁判に係る非訟事件及び所在
  等不明共有者の持分を譲渡する権限の付与の裁判に係る非訟事件の手続へ
  の準用・非訟事件手続法第87条及び第88条関係）

（所在等不明共有者の持分の取得の裁判に係る非訟事件及び所在等不
  明共有者の持分を譲渡する権限の付与の裁判に係る非訟事件の手続へ
  の準用）
第八条 前三条の規定は，所在等不明共有者の持分の取得の裁判に係る
  非訟事件及び所在等不明共有者の持分を譲渡する権限の付与の裁判に
  係る非訟事件の手続について準用する。この場合において，第五条第
  一項第二号中「共有物又は民法第二百六十四条に規定する数人で所有
  権以外の財産権を有する場合における当該財産権（以下この条から第
  七条までにおいて単に「共有物」という。）」とあるのは「不動産」
  と，第五条第二項第二号中「共有物」とあるのは「不動産」と，第六
  条中「申立てに係る共有物が不動産又は不動産に関する所有権以外の
  財産権である場合には，前条第一項」とあるのは「第八条において読
  み替えて準用する前条第一項」と，前条第二号中「共有物」とあるの
  は「不動産」と，同条第三号中「当該他の共有者等」とあるのは「所
  在等不明共有者」と読み替えるものとする。

  本条は，民法第262条の2第1項（同条第5項において準用する場合を含
む。）の規定による裁判（所在等不明共有者の持分の取得の裁判）に係る非訟
事件及び民法第262条の3第1項（同条第4項において準用する場合を含む。）
の規定による裁判（所在等不明共有者の持分を譲渡する権限の付与の裁判）に
係る非訟事件について，第5条から第7条までの規定を準用する旨を定め
るものである。

  所在等不明共有者の持分の取得の裁判に係る非訟事件及び所在等不明共

有者の持分を譲渡する権限の付与の裁判に係る非訟事件は，共有物を対象にするという点において，共有物の管理に係る決定に係る非訟事件と類似しており，申立書の記載内容や添付書類，公告の内容も類似しているから，上記規定を準用することとしている。

9 第9条（申立書の記載事項・非訟事件手続法第90条関係）

（申立書の記載事項）

第九条　民法第二編第三章第四節の規定による非訟事件の手続に関する申立書には，申立ての趣旨及び原因並びに申立てを理由づける事実を記載するほか，次に掲げる事項を記載し，申立人又は代理人が記名押印しなければならない。

　一　当事者の氏名又は名称及び住所並びに法定代理人の氏名及び住所

　二　所有者不明土地管理命令の対象となるべき土地若しくは共有持分若しくは所有者不明土地管理命令の対象とされた土地若しくは共有持分又は所有者不明建物管理命令の対象となるべき建物若しくは共有持分若しくは所有者不明建物管理命令の対象とされた建物若しくは共有持分の表示

2　前項の申立書には，同項に規定する事項のほか，次に掲げる事項を記載するものとする。

　一　代理人（前項第一号の法定代理人を除く。）の氏名及び住所

　二　前項第二号に規定する土地又は建物の所有者又は共有持分を有する者の氏名又は名称及び住所並びに法定代理人の氏名及び住所

　三　申立てを理由づける具体的な事実ごとの証拠

　四　事件の表示

　五　附属書類の表示

　六　年月日

　七　裁判所の表示

八　申立人又は代理人の郵便番号及び電話番号（ファクシミリの番号を含む。）

九　その他裁判所が定める事項

3　前項の規定にかかわらず，第一項の手続に関し，申立人又は代理人から前項第八号に掲げる事項を記載した申立書が提出されているときは，以後裁判所に提出する当該手続を基本とする手続の申立書については，これを記載することを要しない。

(1)　本条の趣旨

　　本条は，所有者不明土地管理命令等に係る非訟事件（以下「所有者不明土地管理命令等非訟事件」という。）に関する申立書の記載事項について定めた規定である。

(2)　申立書の必要的記載事項（第1項）

　　本項は，所有者不明土地管理命令等非訟事件に関する申立書の必要的記載事項を定めたものであり，一連の手続からなる所有者不明土地管理命令等非訟事件においては，手続を開始させることとなる所有者不明土地管理命令等の申立てについての書面のみならず，例えば，所有者不明土地管理人による権限の範囲外の行為に関する裁判所の許可（民法第264条の3第2項）の申立て等の所有者不明土地管理命令等非訟事件の手続の一連の申立てに関する書面も含むものである（なお，本条は，「申立ての趣旨及び原因」，「申立てを理由づける事実」の記載が求められる書面であることを前提にしていることからすると，例えば，非訟事件手続法の規定に基づく移送，忌避等の申立書には，性質上，本条の適用はないものと解される。）。

　　非訟事件手続法第43条第2項第2号は，非訟事件の申立書には「申立ての趣旨及び原因」を記載しなければならない旨を，非訟事件手続規則第37条第1項は，非訟事件の申立書には「申立てを理由づける事実」を

記載しなければならない旨を，それぞれ定めているが，本項では，これらの記載が必要であることを確認的に明らかにしている。なお，「申立ての趣旨」とは，申立人が求める裁判の内容を，「申立ての原因」は「申立ての趣旨」と相まって裁判を求める事項を特定するのに必要な事項を，それぞれ指すとされている。[5]

　本項記載の「申立ての趣旨及び原因」や対象となるべき土地等の記載を欠き，裁判を求める事項が特定されない場合や，本項記載の当事者の氏名や住所等の記載を欠き，当事者が特定されない場合には，申立書の補正命令（非訟事件手続法第43条第4項）や却下命令（非訟事件手続法第43条第5項）がされることになる。なお，本条第1項及び第2項は，非訟事件手続規則第1条第1項の内容と重複する部分があるが，所有者不明土地管理命令等非訟事件の手続に関する申立書の記載事項については，本条第1項及び第2項が優先的に適用されるので，上記規則の適用はない。

ア　第1号

　　本号は，当事者の氏名又は名称及び住所並びに法定代理人の氏名及び住所を記載すべきことを定めるものである。相手方のない事件である所有者不明土地管理命令等非訟事件の手続においては，「当事者」とは，申立人を指す。また，本号は，法定代理人の氏名及び住所も必要的記載事項としているが，法定代理人に関する規定は法人の代表者についても準用されるので（非訟事件手続規則第14条），当事者が法人であるときは，代表者の氏名及び住所を記載することも要する。

イ　第2号

　　本号は，所有者不明土地管理命令の対象となるべき土地若しくは共有持分若しくは対象とされた土地若しくは共有持分又は所有者不明建

5　金子修「逐条解説非訟事件手続法」（商事法務，2015年）166頁

物管理命令の対象となるべき建物若しくは共有持分若しくは対象とされた建物若しくは共有持分を記載すべきことを定めるものである。

(3) 申立書の任意的記載事項（第2項）

本項は，所有者不明土地管理命令等非訟事件の手続に関する申立書の任意的記載事項を定めたものである。

ア 第1号

本号は，手続代理人の氏名及び住所を記載すべきことを定めるものである。

イ 第2号

本号は，前項第2号に規定する土地等の所有者又は共有持分を有する者の氏名又は名称及び住所並びに法定代理人の氏名及び住所を記載すべきことを定めるものである（なお，所有者不明土地管理命令等の対象が共有持分である場合，前項第2号により，その特定のために，所有者の氏名又は名称及び住所が記載されることがあるが，全ての場合において上記氏名等が記載されるとは限らず，その場合には，本号により，氏名又は名称及び住所の記載が要求されることになる。また，所有者不明土地管理命令等非訟事件においては，上記所有者の氏名又は名称及び住所が不明である場合が想定されるところ，これらの事項が不明である場合には，その旨記載すれば足りる。）。

ウ 第3号

本号は，申立てを理由づける具体的な事実ごとに証拠を記載すべきことを定めるものである。申立てを理由づける事実についての証拠書類があるときは，本号の記載をするとともに，非訟事件手続規則第37条第3項の規定に基づいて，当該証拠書類の写しを申立書に添付しなければならない。

エ 第4号から第8号まで

本項第4号から第8号までは，非訟事件手続規則第1条第1項第2

号から第6号までと同一の事項を記載すべきことを定めたものである。これは，同項の定める規則事項のうち，一部の記載事項のみを本条で規定し，その余については同項の適用があるとすることは分かりやすさの観点から好ましくないため，所有者不明土地管理命令等非訟事件の手続に関する申立書の記載事項については，全て本条で規定することとして，非訟事件手続規則第1条第1項の適用はないとの整理を行ったことによるものである。

　オ　第9号

　　本号は，所有者不明土地管理命令等非訟事件の手続に関する申立書には，本条第1項及び第2項第1号から第8号までに規定する事項以外にも，裁判所が定める事項を記載すべきことを定める規定である。所有者不明土地管理命令等非訟事件の手続に関する申立てに対する判断のために必要な事項は事案により様々であり，必要な事項を全て規定するのはかえって煩雑で分かりにくいことから，本規則においては，原則として，所有者不明土地管理命令等非訟事件の手続に関する申立てに共通して必要と考えられる最低限の記載事項のみを規定し，個別の申立てごとに裁判所が必要と考える事項については，本号又は本規則第2条により，それらを記載した書面の提出を求めることができることとし，柔軟な対応を可能にしているものである。

(4)　一定の場合における記載事項の省略（第3項）

　　所有者不明土地管理命令等非訟事件の手続は，当初の申立てに係る手続を基本として，所有者不明土地管理命令等の対象となるべき土地等の処分に係る許可の申立て等，別途手続が進行することがあるところ，当初の申立てに係る申立人等の郵便番号及び電話番号等については，基本となる手続の申立書に記載されているのであれば，これを重ねて，その後に提出される申立書に記載させることは要しないこととなる。そこで，本項は，これらの記載事項を記載した申立書が提出されているとき

は，以後裁判所に提出する当該手続を基本とする手続の申立書において
は，これらの記載事項を省略することができると定めたものである。

10　第10条（申立書の添付書類・非訟事件手続法第90条関係）

（申立書の添付書類）

第十条　前条第一項の申立書には，所有者不明土地管理命令の対象とな
　るべき土地（共有持分を対象として所有者不明土地管理命令が申し立
　てられる場合にあっては，共有物である土地。次条第一項において同
　じ。）若しくは所有者不明土地管理命令の対象とされた土地（共有持
　分を対象として所有者不明土地管理命令が発せられた場合にあって
　は，共有物である土地）又は所有者不明建物管理命令の対象となるべ
　き建物（共有持分を対象として所有者不明建物管理命令が申し立てら
　れる場合にあっては，共有物である建物）若しくは所有者不明建物管
　理命令の対象とされた建物（共有持分を対象として所有者不明建物管
　理命令が発せられた場合にあっては，共有物である建物）の登記事項
　証明書を添付しなければならない。

2　前項の規定にかかわらず，前条第一項の手続に関し，前項に規定す
　る書面が提出されているときは，以後裁判所に提出する当該手続を基
　本とする手続の申立書には，これを添付することを要しない。

---

(1)　本条の趣旨

　　本条は，所有者不明土地管理命令等非訟事件の手続に関する申立書の
　添付書類について定めた規定である。

(2)　申立書の添付書類（第1項）

　　非訟事件手続規則第37条第3項は，申立てを理由づける事実について
　の証拠書類があるときは，その写しを申立書に添付すべき旨を定めてい
　るところ，申立ての内容を確認・認定し，あるいは，発令後の手続のた

めに必要な一定の証拠書類については，これを具体的に定めて申立書に添付させることが迅速な申立ての審査及び発令につながり，申立人の利益にも資すると考えられる。そこで，本項は，所有者不明土地管理命令等非訟事件の手続の管轄は当該裁判に係る不動産の所在地によって定まること（非訟事件手続法第90条第1項）から，当該不動産の登記事項証明書の添付を求めることとしている（なお，当該不動産について登記がされていない場合については，本規則第11条第1項第4号（同条第2項で準用する場合を含む。）参照。）。

(3) 一定の場合における添付書類の省略（第2項）

　所有者不明土地管理命令等非訟事件の手続は，当初の申立てに係る手続を基本として，所有者不明土地管理命令等の対象とされた土地等の処分に係る許可の申立て等，別途手続が進行することがあるところ，第1項に規定する書面が基本となる手続の申立書に添付されているのであれば，これを重ねて，その後に提出される申立書に添付させることは要しないこととなる。そこで，本項は，上記各書面が提出されているときは，以後裁判所に提出する当該手続を基本とする手続の申立書においては，これらの書面の添付を要しない旨定めたものである。

11　第11条（手続の進行に資する書類の提出・非訟事件手続法第90条関係）

（手続の進行に資する書類の提出）

第十一条　所有者不明土地管理命令の申立人は，裁判所に対し，次に掲げる書類を提出するものとする。

一　所有者不明土地管理命令の対象となるべき土地に係る不動産登記法（平成十六年法律第百二十三号）第十四条第一項の地図又は同条第四項の地図に準ずる図面の写し（当該地図又は地図に準ずる図面が電磁的記録に記録されているときは，当該記録された情報の内容を証明した書面）

二　所有者不明土地管理命令の対象となるべき土地の所在地に至るまでの通常の経路及び方法を記載した図面

三　申立人が所有者不明土地管理命令の対象となるべき土地の現況の調査の結果又は評価を記載した文書を保有するときは，その文書

四　所有者不明土地管理命令の対象となるべき土地について登記がされていないときは，当該土地についての不動産登記令（平成十六年政令第三百七十九号）第二条第二号に規定する土地所在図及び同条第三号に規定する地積測量図

2　前項（第一号を除く。）の規定は，所有者不明建物管理命令の申立人について準用する。この場合において，同項第二号から第四号までの規定中「所有者不明土地管理命令の対象となるべき土地」とあるのは「所有者不明建物管理命令の対象となるべき建物（共有持分を対象として所有者不明建物管理命令が申し立てられる場合にあっては，共有物である建物）」と，同号中「当該土地」とあるのは「当該建物」と，「第二条第二号に規定する土地所在図及び同条第三号に規定する地積測量図」とあるのは「第二条第五号に規定する建物図面及び同条第六号に規定する各階平面図」と読み替えるものとする。

(1)　本条の趣旨

　　本条は，申立人が，裁判所に対して，裁判所及び選任された管理人が所有者不明土地管理命令の対象となるべき土地等の基本的事項を把握するのに資する資料として，一定の書類を提出するよう任意に協力する旨を具体化した規定であり，民事執行規則第23条の2と同趣旨の規定である。

(2)　所有者不明土地管理命令の申立人が提出する書類（第1項）

　ア　所有者不明土地管理命令の対象となるべき土地に係る不動産登記法第14条第1項の地図等（第1号）

本項第1号は，所有者不明土地管理命令の対象となるべき土地に関して不動産登記法第14条第1項の規定により登記所に備え付けることとされている地図又は同条第4項の規定により地図が備え付けられるまでの間これに代えて備え付けることができるとされる地図に準ずる図面（以下「準地図」という。）の写し（当該地図，準地図が電磁的記録に記録されているときは，当該記録された情報の内容を証明した書面）を申立人の提出書類とする旨を定めるものである。不動産登記法第14条第1項の地図及び同条第4項の準地図は，裁判所及び選任された管理人が申立てに係る所有者不明土地を特定し，また，その現況を把握するに当たり，極めて有益な資料となることから，申立人の提出書類とすることとしている。

イ　所有者不明土地管理命令の対象となるべき土地の所在地に至るまでの通常の経路及び方法を記載した図面（第2号）

本項第2号は，所有者不明土地管理命令の対象となるべき土地の所在地に至るまでの通常の経路及び方法を記載した図面を申立人の提出書類とする旨を定めるものである。この図面は，選任された管理人が土地の現況を把握するに当たり便宜となる一方で，申立人も市販の道路地図等を参考に容易に作成することが期待できるものであることから，申立人の提出書類とすることとしている。

ウ　所有者不明土地管理命令の対象となるべき土地の現況の調査の結果又は評価を記載した文書（第3号）

本項第3号は，申立人が所有者不明土地管理命令の対象となるべき土地の現況の調査の結果又は評価を記載した文書を保有するときは，これらを提出する旨を定めるものである。これらの文書は，選任された管理人が土地の現況を調査し，又は評価をするに当たり参考とすることができ，その円滑な実施に有益となる一方，管理命令の申立てを行う申立人であれば，申立てを行うに当たり，現況の調査や評価を行

い，あるいは，第三者が行った調査や評価の結果を入手して保有することがあり得ることから，申立人の提出書類とすることとしている。

エ　不動産登記令第2条第2号に規定する土地所在図及び同条第3号に規定する地積測量図（第4号）

　　本項第4号は，登記がされていない土地について登記を嘱託する際には，当該土地についての不動産登記令第2条第2号に規定する土地所在図及び同条第3号に規定する地積測量図が必要とされる場合があること，これらの図面は，所有者不明土地管理命令の対象となるべき土地の基本的事項の把握にも有益であることから，所有者不明土地管理命令の対象となるべき土地について登記がされていない場合において，これらの書面を申立人の提出書類とすることとしている。

(3)　所有者不明建物管理命令への準用（第2項）

　　本項は，所有者不明土地管理命令の申立人による手続の進行に資する書類の提出に係る規定の所有者不明建物管理命令への準用について規定している。

　　①所有者不明建物管理命令の対象となるべき建物の所在地に至るまでの通常の経路及び方法を記載した図面，②所有者不明建物管理命令の対象となるべき建物の現況の調査の結果又は評価を記載した文書，③所有者不明建物管理命令の対象となるべき建物が登記されていない場合における当該建物についての不動産登記令第2条第5号に規定する建物図面及び同条第6号に規定する各階平面図が，裁判所及び選任された管理人において，所有者不明建物管理命令の対象となるべき建物の基本的事項を把握するのに有益であること，登記がされていない建物について登記を嘱託する際には，当該建物について上記③の図面が必要とされる場合があることは，所有者不明土地管理命令の場合と同様である。そこで，所有者不明建物管理命令に係る非訟事件手続について，本条第1項（第1号を除く。）の規定を準用することとしている⁶（これに対し，不動産登記

法第14条第1項の地図等に代わるものとして，同項の建物所在図が考えられるが，建物所在図は現況の把握のために必ずしも有益ではないこと等から，本条第1項第1号は準用していない。）。

12　第12条（公告すべき事項・非訟事件手続法第90条関係）

（公告すべき事項）

第十二条　非訟事件手続法第九十条第二項（同条第十六項において準用する場合を含む。）の規定による公告には，同条第二項各号に掲げる事項のほか，次に掲げる事項を掲げなければならない。

一　申立人の氏名又は名称及び住所

二　所有者不明土地管理命令の対象となるべき土地若しくは共有持分又は所有者不明建物管理命令の対象となるべき建物若しくは共有持分の表示

三　前号に規定する土地又は建物の所有者又は共有持分を有する者の氏名又は名称及び住所

本条は，所有者不明土地管理命令等非訟事件の公告事項を定めた規定である。

本条が規定する公告すべき事項は第1号から第3号までのとおりであり，本条は，これらの事項が相まって，所有者不明土地管理命令等の対象となる土地等の所有者又は共有持分を有する者の手続保障を図ろうとするものである。

6　なお，③の図面が登記の嘱託のために必要とされず，その他，当該事件において③の図面により所有者不明建物管理命令の対象となるべき建物の基本的事項を把握することが有用とまでいえないような場合には，③の図面の提出を求めないこともあり得るものと思われる。

(1) 第1号

本号は，申立人の氏名又は名称及び住所を公告すべきことを定めた規定である。

(2) 第2号

本号は，所有者不明土地管理命令の対象となるべき土地若しくは共有持分又は所有者不明建物管理命令の対象となるべき建物若しくは共有持分を公告すべきことを定めた規定である。

(3) 第3号

本号は，第2号に規定する土地等の所有者又は共有持分を有する者の氏名又は名称及び住所を公告すべきことを定めた規定である（なお，所有者不明土地管理命令等非訟事件においては，所有者等の氏名又は名称及び住所が不明である場合が想定されるところ，これらの事項が不明である場合には，その旨公告すれば足りる。）。

13 第13条（裁判による登記の嘱託・非訟事件手続法第90条関係）

（裁判による登記の嘱託）

第十三条　非訟事件手続法第九十条第六項及び第七項（これらの規定を同条第十六項において準用する場合を含む。）の規定による登記の嘱託は，嘱託書に裁判書の謄本を添付してしなければならない。

---

(1) 本条の趣旨

本条は，非訟事件手続法第90条第6項及び第7項（これらの規定を同条第16項において準用する場合を含む。）の規定が，一定の場合に裁判所書記官が不動産登記の嘱託をすべき旨を定めていることを受けて，裁判による登記の嘱託は，嘱託書に裁判書の謄本を添付してしなければならない旨を定めるものである。

(2) 裁判書の謄本の添付

　本条は，所有者不明土地管理命令等非訟事件の手続に関するものであるから，本条の「裁判書」の謄本として，決定書の謄本を添付することになる。

14　第14条（資格証明書の交付等・非訟事件手続法第90条関係）

（資格証明書の交付等）

第十四条　裁判所書記官は，所有者不明土地管理人又は所有者不明建物管理人に対し，その選任を証する書面を交付しなければならない。

2　裁判所書記官は，所有者不明土地管理人又は所有者不明建物管理人があらかじめその職務のために使用する印鑑を裁判所に提出した場合において，当該所有者不明土地管理人又は所有者不明建物管理人が所有者不明土地管理命令の対象とされた土地若しくは共有持分又は所有者不明建物管理命令の対象とされた建物若しくは共有持分についての権利に関する登記を申請するために登記所に提出する印鑑の証明を請求したときは，当該所有者不明土地管理人又は所有者不明建物管理人に係る前項の書面に，当該請求に係る印鑑が裁判所に提出された印鑑と相違ないことを証明する旨をも記載して，これを交付するものとする。

---

(1)　資格証明書の交付（第1項）

　本項は，裁判所書記官が，所有者不明土地管理人又は所有者不明建物管理人に対し，その選任を証する書面を交付すべきことを定めたものである。所有者不明土地管理命令又は所有者不明建物管理命令により，これらの命令の対象とされた土地若しくは共有持分又は建物若しくは共有持分の管理処分権は所有者不明土地管理人又は所有者不明建物管理人に専属する（民法第264条の3第1項，第264条の8第5項）ことから，取引の相手方が管理人の権限を確認するための資料として，選任を証する書

面を交付することとしたものである。なお，資格証明書の交付は証明行為であるので，「訴訟に関する事項の証明」を裁判所書記官の権限とする民事訴訟法第91条第3項や，破産手続等について「事件に関する事項の証明」を裁判所書記官の権限とする破産法第11条第2項にならって，裁判所書記官が資格証明書を交付することとしている。

(2) 資格証明書への印鑑の証明の記載（第2項）

　本項は，所有者不明土地管理人又は所有者不明建物管理人が，不動産の権利に関する登記の申請のための印鑑証明を請求するためには，あらかじめ印鑑を裁判所に届け出なければならないこと，また，そのような請求があった場合には，裁判所書記官は，本条第1項の資格証明書上に印鑑の同一性を証明する旨を記載する方法によって証明をしなければならない旨を定めるものである。

　裁判所により選任された者がその職務上行う不動産登記の申請については，市区町村長若しくは登記官が作成した印鑑証明書又は裁判所書記官が最高裁判所規則で定めるところにより作成した印鑑証明書を添付しなければならないとされている（不動産登記令第16条第2項，不動産登記規則第48条3号）。そこで，本条は，裁判所書記官において，所有者不明土地管理人又は所有者不明建物管理人が不動産登記を申請する際に添付する印鑑証明書を作成することができることを確認的に規定するとともに[7]，所有者不明土地管理人又は所有者不明建物管理人が登記の申請をする際にはその資格を証明する書面も必要となることから（不動産登記令第7条第1項第2号），不動産登記のための印鑑証明については，特に資格証明と同一の書面上に記載すべきこととしたものである。[8]

7　届出に係る印鑑は非訟事件の記録の一部となるため，裁判所書記官は事項証明の一環（非訟事件手続法第32条第1項）として，これを証する権限を有するものと考えられる。

15　第15条（民法第二編第三章第五節の規定による非訟事件の手続への準用）

（民法第二編第三章第五節の規定による非訟事件の手続への準用）

第十五条　第九条から第十一条まで及び前条の規定は，民法第二編第三章第五節の規定による非訟事件の手続について準用する。この場合において，第九条第一項第二号中「所有者不明土地管理命令の対象となるべき土地若しくは共有持分若しくは所有者不明土地管理命令の対象とされた土地若しくは共有持分又は所有者不明建物管理命令の対象となるべき建物若しくは共有持分若しくは所有者不明建物管理命令の対象とされた建物若しくは共有持分」とあるのは「管理不全土地管理命令の対象となるべき土地若しくは管理不全土地管理命令の対象とされた土地又は管理不全建物管理命令の対象となるべき建物若しくは管理不全建物管理命令の対象とされた建物」と，同条第二項第二号中「所有者又は共有持分を有する者」とあるのは「所有者」と，第十条第一項中「所有者不明土地管理命令の対象となるべき土地（共有持分を対象として所有者不明土地管理命令が申し立てられる場合にあっては，共有物である土地。次条第一項において同じ。）若しくは所有者不明土地管理命令の対象とされた土地（共有持分を対象として所有者不明土地管理命令が発せられた場合にあっては，共有物である土地）又は所有者不明建物管理命令の対象となるべき建物（共有持分を対象として所有者不明建物管理命令が申し立てられる場合にあっては，共有物である建物）若しくは所有者不明建物管理命令の対象とされた建物

8　このような本条の趣旨からしても，不動産登記申請以外の目的のために使用される一般の印鑑証明書を裁判所書記官が交付できなくなるものではないことは当然である。

（共有持分を対象として所有者不明建物管理命令が発せられた場合にあっては，共有物である建物）」とあるのは「管理不全土地管理命令の対象となるべき土地若しくは管理不全土地管理命令の対象とされた土地又は管理不全建物管理命令の対象となるべき建物若しくは管理不全建物管理命令の対象とされた建物」と，第十一条中「所有者不明土地管理命令」とあるのは「管理不全土地管理命令」と，同条第二項中「，所有者不明建物管理命令」とあるのは「，管理不全建物管理命令」と，「所有者不明建物管理命令の対象となるべき建物（共有持分を対象として所有者不明建物管理命令が申し立てられる場合にあっては，共有物である建物）」とあるのは「管理不全建物管理命令の対象となるべき建物」と，第十四条中「所有者不明土地管理人」とあるのは「管理不全土地管理人」と，「所有者不明建物管理人」とあるのは「管理不全建物管理人」と，同条第二項中「所有者不明土地管理命令の対象とされた土地若しくは共有持分」とあるのは「管理不全土地管理命令の対象とされた土地」と，「所有者不明建物管理命令の対象とされた建物若しくは共有持分」とあるのは「管理不全建物管理命令の対象とされた建物」と読み替えるものとする。

　本条は，民法第二編第三章第五節の規定による非訟事件（管理不全土地管理命令等非訟事件）について，第9条から第11条まで及び第14条の規定を準用する旨を定めるものである。

　管理不全土地管理命令等非訟事件は，特定の不動産を適切に管理する者が存在しない場合に管理人を選任して当該不動産の管理を行うという点において，所有者不明土地管理命令等非訟事件と類似しており，両者の規定も類似しているから，第9条から第11条まで及び第14条の規定を準用することとしている（なお，管理不全土地管理命令等非訟事件については，公告は予定されておらず，管理不全土地管理命令等の登記又はその抹消等の嘱託も予

定されていないため，第12条及び第13条の規定は準用していない。）。

16　第16条（表題部所有者不明土地の登記及び管理の適正化に関する法律の
　　規定による非訟事件の手続への準用）

　（表題部所有者不明土地の登記及び管理の適正化に関する法律の規定
　による非訟事件の手続への準用）
第十六条　第九条，第十条，第十一条第一項（第四号を除く。）及び第
　十三条の規定は，表題部所有者不明土地の登記及び管理の適正化に関
　する法律の規定による非訟事件の手続について準用する。この場合に
　おいて，第九条第一項第二号中「所有者不明土地管理命令の対象とな
　るべき土地若しくは共有持分若しくは所有者不明土地管理命令の対象
　とされた土地若しくは共有持分又は所有者不明建物管理命令の対象と
　なるべき建物若しくは共有持分若しくは所有者不明建物管理命令の対
　象とされた建物若しくは共有持分」とあるのは「所有者等特定不能土
　地又は特定社団等帰属土地」と，同条第二項第二号中「土地又は建物
　の所有者又は共有持分を有する者」とあるのは「土地の所有者」と，
　第十条第一項中「所有者不明土地管理命令の対象となるべき土地（共
　有持分を対象として所有者不明土地管理命令が申し立てられる場合に
　あっては，共有物である土地。次条第一項において同じ。）若しくは
　所有者不明土地管理命令の対象とされた土地（共有持分を対象として
　所有者不明土地管理命令が発せられた場合にあっては，共有物である
　土地）又は所有者不明建物管理命令の対象となるべき建物（共有持分
　を対象として所有者不明建物管理命令が申し立てられる場合にあって
　は，共有物である建物）若しくは所有者不明建物管理命令の対象とさ
　れた建物（共有持分を対象として所有者不明建物管理命令が発せられ
　た場合にあっては，共有物である建物）」とあるのは「所有者等特定
　不能土地又は特定社団等帰属土地」と，第十一条第一項中「所有者不

明土地管理命令の申立人」とあるのは「特定不能土地等管理命令又は
特定社団等帰属土地等管理命令の申立人」と，同項第一号から第三号
までの規定中「所有者不明土地管理命令の対象となるべき土地」とあ
るのは「所有者等特定不能土地又は特定社団等帰属土地」と読み替え
るものとする。

　本条は，表題部所有者不明土地法の規定による非訟事件（以下「特定不
能土地等管理命令等非訟事件」という。）について，第9条，第10条，第11条
第1項（第4号を除く。）及び第13条の規定を準用する旨を定めるものであ
り，本規則の制定に伴い削除された会社非訟事件等手続規則第44条の2と
同旨の規定である。

　特定不能土地等管理命令等非訟事件の手続は，特定の不動産の所有者が
不明等である場合に管理する者を選任して当該不動産の管理を行うという
点において，所有者不明土地管理命令等非訟事件の手続に類似しており，
両者の規定も類似しているから，第9条，第10条，第11条第1項（第4号
を除く。）及び第13条の規定を準用することとしている（なお，特定不能土
地等管理命令等非訟事件において，対象土地が登記されていない事態は生じ得
ないので，第11条第1項第4号は準用していない。また，特定不能土地等管理
命令等非訟事件において公告は予定されていないため，第12条の規定は準用し
ていない。さらに，特定不能土地等管理命令等非訟事件において特定不能土地
等管理者等が特定不能土地等を売却した場合には，買受人の単独申請により，
自己を表題部所有者とする表題登記（不動産登記法第36条）及び自己を登記名
義人とする所有権の保存の登記の申請（不動産登記法第74条第1項第1号）を
する取扱いとされており（「表題部所有者不明土地の登記及び管理の適正化に関
する法律等の施行に伴う不動産登記事務の取扱いについて」（令和2年10月30日
付け法務省民二第796号法務局長，地方法務局長宛て法務省民事局長通達）），こ
れらの登記申請において裁判所書記官が最高裁判所規則で定めるところにより

共有に関する非訟事件及び土地等の管理に関する非訟事件に関する手続規則の概要

作成した特定不能土地等管理者の印鑑証明書は添付書類として要求されていないことなどから，第14条の規定は準用していない。）。[注]

(注)　もっとも，自己を表題部所有者とする表題登記の申請の添付情報である「表題部所有者となる者が所有権を有することを証する情報」（不動産登記令別表12の項添付情報欄ハ）として特定不能土地等についての売買契約書及び特定不能土地等管理者の印鑑証明書を添付することが便宜であることも想定され，このような場合に裁判所書記官が特定不能土地等管理者についての印鑑証明書を作成することは妨げられていないと考えられる。

岩井　一真　大阪高等裁判所判事（前最高裁判所事務総局民事局第一課長）
野口　晶寛　東京地方裁判所判事（前最高裁判所事務総局民事局付）

（肩書は執筆当時）

第 4 編

「民事訴訟規則等の一部を改正する規則」の解説

「民事訴訟規則等の一部を改正する規則」の解説

橋　爪　　　信

小　津　亮　太

後　藤　隆　大

邊　見　育　子

一　はじめに

　民事訴訟手続等の一層の迅速化及び効率化を図り，民事裁判を国民がより利用しやすいものとする観点から，民事訴訟法（以下「民訴法」という。）等の見直しを行う「民事訴訟法等の一部を改正する法律」（令和4年法律第48号。以下「改正法」といい，改正後の民訴法を特に「新法」という。）が令和4年5月25日に公布された。改正法により，民事訴訟手続の全体的なIT化を可能とする規定が整備されるほか，住所，氏名等の秘匿制度が創設されることとなった。

　改正法は，その施行の準備に要することが見込まれる時間等を考慮し，順次施行されることが予定されており，訴訟記録の電子化など民事訴訟手続の全面的なIT化については，公布の日から起算して4年を超えない範囲内において政令で定める日から施行されることとされているが，①住所，氏名等の秘匿制度の新設に関する規律（新法133条～133条の4）は公布の日から起算して9月を超えない範囲内において政令で定める日から，

②電話会議等
[1]
の方式による和解期日に関する規律（新法89条2項，3項）
や，双方不出頭での弁論準備手続期日に関する規律（新法170条3項）は公
布の日から起算して1年を超えない範囲内において政令で定める日から，
③当事者双方がウェブ会議等の方式により口頭弁論期日及び審尋期日に参
加することを可能とする規律（新法87条の2）は公布の日から起算して2
年を超えない範囲内において政令で定める日からそれぞれ施行されるもの
とされている（改正法附則1条
[2]
）。

改正法を踏まえて，民事訴訟規則（以下「民訴規則」という。）の整備が
必要となるところ，訴訟記録の電子化など民事訴訟手続の全面的なIT化
に関する規律については，システムの仕様の確定等も踏まえて規律を定め
る必要がある一方，上記①～③に関する規律については，早期の施行が予
定されていることから，まずは，これらに関する部分を先行して，民訴規
則の改正を行うこととなった。

そこで，「民事訴訟規則等の一部を改正する規則」が，最高裁判所民事
規則制定諮問委員会の調査審議を経た上で，令和4年10月12日に最高裁判
所の裁判官会議によって議決され，成立した（令和4年最高裁判所規則第17
号。以下「改正規則」といい，改正規則による改正後の民訴規則を特に「新規

1　本稿では，次の意味で各語を用いている。
　ウェブ会議：インターネット接続環境下の任意の場所において，ウェブ会議用
　　ソフトウェアを利用して，ビデオ通話を行う方法をいう。
　テレビ会議：裁判所庁舎において，裁判所のテレビ会議システムを利用して，
　　ビデオ通話を行う方法をいう。
　電話会議：電話会議システムを利用して，音声通話を行う方法をいう。
　ウェブ会議等：ウェブ会議及びテレビ会議をいう。
　電話会議等：ウェブ会議，テレビ会議及び電話会議をいう。
2　①の規律は令和5年2月20日から，②の規律は同年3月1日から，それぞれ
　施行された。

則」という。）。改正規則は，同年11月7日に公布された。

　本稿は，新規則の改正条文について，便宜のため，秘匿制度等に関する規律（二），電話会議等及びウェブ会議等に関する規律（三），その他の規律（四）に分けた上で逐条的に解説を加えた上で（ただし，条ずれ等の形式的な改正については解説を省略している。），関連規則の整備の概要（五），施行期日・経過措置（六）についても説明を行うものである。なお，本稿の記載中，意見にわたる部分はもとより私見である。

二　秘匿制度等に関する規律

1　裁判所に提出すべき書面のファクシミリによる提出

（下線部分は改正部分。以下同じ。）

第三条　裁判所に提出すべき書面は，次に掲げるものを除き，ファクシミリを利用して送信することにより提出することができる。

一　（略）

二　秘匿事項届出書面

三　その提出により訴訟手続の開始，続行，停止又は完結をさせる書面（第一号に該当する書面を除く。）

四・五　（略）

2・3　（略）

---

(1)　改正の趣旨

　本条の改正は，秘匿事項届出書面（新法133条2項）をファクシミリによっては提出できない書面として定めるものである。

(2)　秘匿事項届出書面のファクシミリによる提出を認めない理由

　秘匿事項届出書面（新法133条2項）は，秘匿対象者の住所，氏名等が記載された書面であって，相手方当事者や第三者に知られることのない

よう配慮する必要性が高く，また，手続上も重要な書面と位置付けられ
ることから，ファクシミリによる誤送信等を防ぎ，これを確実に授受で
きるよう，ファクシミリによる提出を認めないこととしたものである。

2 申立ての方式（新法133条等関係）

第五十二条の九 次に掲げる申立ては，書面でしなければならない。

一 法第百三十三条（申立人の住所，氏名等の秘匿）第一項の申立て

二 法第百三十三条の二（秘匿決定があった場合における閲覧等の制
限の特則）第二項の申立て

三 法第百三十三条の四（秘匿決定の取消し等）第一項の取消しの申
立て

四 法第百三十三条の四第二項の許可の申立て

---

(1) 本条の趣旨

本条は，申立人の住所，氏名等の秘匿（新法133条），秘匿事項記載部
分の閲覧等の制限（新法133条の2第2項），これらに係る決定の取消し
の申立て（新法133条の4第1項）及び閲覧等の許可申立て（同条第2項）
が整備されたことに伴い，これらの申立ての方法として，書面での申立
てを求めるものである。

(2) 申立ての方式を書面に限定した理由

申立てその他の申述は，原則として書面又は口頭ですることができる
ものとされているが（民訴規則1条1項），住所，氏名等の秘匿制度に関
係する申立ては，いずれも，秘匿を求める申立人や，訴訟記録の閲覧等
が制限される相手方当事者や第三者にとって重要な申立てであり，その
ような申立てがされたこと及びその範囲等につき明確化させる必要性が
高いことから，これらの申立ては，書面でしなければならないこととし
た。

3 秘匿事項届出書面の記載事項等（新法133条関係）

第五十二条の十 秘匿事項届出書面には，秘匿事項のほか，次に掲げる事項を記載し，秘匿対象者が記名押印しなければならない。

一 秘匿事項届出書面である旨の表示

二 秘匿対象者の郵便番号及び電話番号（ファクシミリの番号を含む。以下「電話番号等」という。）

2 前項（第二号に係る部分に限る。）の規定は，秘匿対象者の郵便番号及び電話番号等を記載した訴状又は答弁書が提出されている場合には，適用しない。

（申立人の住所，氏名等の秘匿）

新法第百三十三条 申立て等をする者又はその法定代理人の住所，居所その他その通常所在する場所（以下この項及び次項において「住所等」という。）の全部又は一部が当事者に知られることによって当該申立て等をする者又は当該法定代理人が社会生活を営むのに著しい支障を生ずるおそれがあることにつき疎明があった場合には，裁判所は，申立てにより，決定で，住所等の全部又は一部を秘匿する旨の裁判をすることができる。申立て等をする者又はその法定代理人の氏名その他当該者を特定するに足りる事項（次項において「氏名等」という。）についても，同様とする。

2 前項の申立てをするときは，同項の申立て等をする者又はその法定代理人（以下この章において「秘匿対象者」という。）の住所等又は氏名等（次条第二項において「秘匿事項」という。）その他最高裁判所規則で定める事項を書面により届け出なければならない。

3 第一項の申立てがあったときは，その申立てについての裁判が確定

するまで，当該申立てに係る秘匿対象者以外の者は，前項の規定による届出に係る書面（次条において「秘匿事項届出書面」という。）の閲覧若しくは謄写又はその謄本若しくは抄本の交付の請求をすることができない。

4　第一項の申立てを却下した裁判に対しては，即時抗告をすることができる。

5　裁判所は，秘匿対象者の住所又は氏名について第一項の決定（以下この章において「秘匿決定」という。）をする場合には，当該秘匿決定において，当該秘匿対象者の住所又は氏名に代わる事項を定めなければならない。この場合において，その事項を当該事件並びにその事件についての反訴，参加，強制執行，仮差押え及び仮処分に関する手続において記載したときは，この法律その他の法令の規定の適用については，当該秘匿対象者の住所又は氏名を記載したものとみなす。

(1) 本条の趣旨

　　本条は，新法133条 2 項で，住所，氏名等の秘匿決定の申立てをするときは，秘匿対象者の秘匿事項その他最高裁判所規則で定める事項を書面で届け出なければならないとされたことから，秘匿事項届出書面の記載事項等を定めたものである。[3]具体的には，秘匿事項届出書面には，秘匿対象者が記名押印し（ 1 項柱書），秘匿事項届出書面である旨の表示をしなければならないこと（ 1 号），訴状又は答弁書（以下「訴状等」という。）に，秘匿対象者の郵便番号及び電話番号（ファクシミリの番号を含む。以下「電話番号等」という。）を記載しなかった場合（52条の12第 2 項参照）は，秘匿対象者の郵便番号及び電話番号等を，住所等に準じて

3　もっとも，新法133条 2 項が記載を求めている秘匿事項（住所等又は氏名等）とは異なり，本条の定める記載事項は，任意的記載事項である。

秘匿事項届出書面に記載しなければならないこと（1項2号，2項）を
定めている。

(2) 秘匿対象者の記名押印（1項柱書）

本条1項柱書では，秘匿事項届出書面について，秘匿対象者が記名押
印しなければならないこととしている。

秘匿事項届出書面は，通常の訴訟書類とは異なる特別の管理・取扱い
が求められるものであって，その性質，重要性からして，秘匿対象者本
人が自らその内容の正確性を確認するなど，作成に関与する必要がある
と考えられる。また，秘匿決定の申立てをする事案では，訴訟委任状に
秘匿対象者の真の住所や氏名が記載されないことが想定されるが，その
ような場合には，真の住所や氏名が記載され，秘匿対象者の押印の存在
する秘匿事項届出書面と同時に提出されることによって，訴訟委任状の
記載が補完されることになるものと思われる。

そのような理由から，本条1項柱書では，秘匿事項届出書面に秘匿対
象者の押印を求めているものである。

(3) 秘匿事項届出書面である旨の表示（1項1号）

秘匿事項届出書面は，秘匿決定の申立ての際に届け出なければならな
いものと法定され（新法133条2項），秘匿決定の申立てないし秘匿決定
によりその書面全体が閲覧等の制限の対象となるなど（同条3項，133条
の2第1項），手続上重要な書面と位置付けられるところ，当該書面が
明らかに秘匿事項届出書面であることが分かるように，秘匿事項届出書
面である旨の表示をしなければならないこととした（1項1号）。通常
は，書面の表題に「秘匿事項届出書面」と記載されることが想定されて

---

4 訴訟委任状に秘匿対象者の真の住所，氏名が記載された場合には，新法133
条の2第2項に基づく閲覧等の制限の申立てをせざるを得ないが，本文記載の
ような運用上の工夫により，これを回避することが考えられる。

いるが，秘匿対象者が複数名である場合や届出の内容に変更が生じた場合等は，複数枚の秘匿事項届出書面が提出されることになるため，括弧書で代替氏名や通し番号を付すことなども考えられる。

(4) 郵便番号及び電話番号等の記載（１項２号，２項）

訴状等には，当事者又はその代理人の郵便番号及び電話番号等を記載しなければならないところ（53条４項，80条３項），秘匿対象者の郵便番号及び電話番号等は，住所等を推知させる情報であることから，住所等に秘匿決定があった場合には，訴状等には秘匿対象者の郵便番号及び電話番号等については記載をすることを要しないこととされている（52条の12第２項）。しかしながら，裁判所は，送達や事務連絡，電話会議の方法による手続の実施の便宜等の観点から，訴状等に記載されなかった秘匿対象者の郵便番号及び電話番号等を把握しておく必要性が高いため，秘匿対象者の郵便番号及び電話番号等についても，秘匿事項届出書面に記載しなければならないこととしたものである（１項２号，２項）。[5]

訴状等における郵便番号及び電話番号等の記載（53条４項，80条３項）は，この記載を欠いたとしても直ちに訴状が却下されるものではないとされているため，同様に，秘匿事項届出書面にこれらの記載を欠いたとしても秘匿決定の申立てが直ちに却下されることにはならないものと解される。

なお，秘匿事項届出書面については，２条１項の適用があり，①当事者の氏名又は名称及び住所並びに代理人の氏名及び住所，②事件の表

5　一般に，訴訟代理人がいる場合，訴状等への記載が求められるのは，訴訟代理人の電話番号等であって，当事者本人の電話番号等の記載ではないが，本条では，訴訟代理人がいる場合であっても，秘匿対象者の電話番号等を秘匿事項届出書面に記載することを求めている。これは，訴訟係属中に訴訟代理人が辞任するなどして当事者本人に連絡を取る必要が生じた場合に，電話で連絡を取ることを可能とする必要性が特に高いと考えられたためである。

示，③附属書類の表示，④年月日，⑤裁判所の表示を記載し，当事者又は代理人が記名押印する必要があるが，本条はこれらの事項に追加して記載しなければならない事項を定めるものであって，代理人の記名押印がある場合であっても，秘匿対象者の記名押印が必要であることを定めるものである。

4　法第133条の2第2項の申立ての方式等（新法133条の2関係）

第五十二条の十一　法第百三十三条の二（秘匿決定があった場合における閲覧等の制限の特則）第二項の申立ては，秘匿事項記載部分を特定してしなければならない。

2　秘匿対象者は，自らが提出する文書等について前項の申立てをするときは，当該文書等の提出の際にこれをしなければならない。

3　第一項の申立てをするときは，当該申立てに係る文書等から秘匿事項記載部分を除いたものをも作成し，裁判所に提出しなければならない。

4　第一項の申立てを認容する決定においては，秘匿事項記載部分を特定しなければならない。

5　前項の決定があったときは，第一項の申立てをした者は，遅滞なく，当該申立てに係る文書等から当該決定において特定された秘匿事項記載部分を除いたものを作成し，裁判所に提出しなければならない。ただし，当該申立てにおいて特定された秘匿事項記載部分と当該決定において特定された秘匿事項記載部分とが同一である場合は，この限りでない。

6　法第百三十三条の二第二項の決定の一部について法第百三十三条の四（秘匿決定の取消し等）第一項の取消しの裁判が確定したとき又は同条第二項の許可の裁判が確定したときは，第一項の申立てをした者は，遅滞なく，当該申立てに係る文書等から当該法第百三十三条の二

第二項の決定において特定された秘匿事項記載部分のうち法第百三十三条の四第一項の取消しの裁判又は同条第二項の許可の裁判に係る部分以外の部分を除いたものを作成し，裁判所に提出しなければならない。

7　第三項，第五項本文又は前項の規定により文書等から秘匿事項記載部分を除いたものが提出された場合には，当該文書等の閲覧，謄写又は複製は，その提出されたものによってさせることができる。

（秘匿決定があった場合における閲覧等の制限の特則）

新法第百三十三条の二　秘匿決定があった場合には，秘匿事項届出書面の閲覧若しくは謄写又はその謄本若しくは抄本の交付の請求をすることができる者を当該秘匿決定に係る秘匿対象者に限る。

2　前項の場合において，裁判所は，申立てにより，決定で，訴訟記録等（訴訟記録又は第百三十二条の四第一項の処分の申立てに係る事件の記録をいう。第百三十三条の四第一項及び第二項において同じ。）中秘匿事項届出書面以外のものであって秘匿事項又は秘匿事項を推知することができる事項が記載され，又は記録された部分（次項において「秘匿事項記載部分」という。）の閲覧若しくは謄写，その正本，謄本若しくは抄本の交付又はその複製の請求をすることができる者を当該秘匿決定に係る秘匿対象者に限ることができる。

3　前項の申立てがあったときは，その申立てについての裁判が確定するまで，当該秘匿決定に係る秘匿対象者以外の者は，当該秘匿事項記載部分の閲覧若しくは謄写，その正本，謄本若しくは抄本の交付又はその複製の請求をすることができない。

4　第二項の申立てを却下した裁判に対しては，即時抗告をすることが

できる。

(1) 本条の趣旨

　本条は，訴訟記録中秘匿事項届出書面以外のものであって秘匿事項又
は秘匿事項を推知することができる事項が記載され，又は記録された部
分（秘匿事項記載部分）の閲覧等の制限の規定が新法に設けられたこと
を受けて（新法133条の2第2項），その申立ての方式等について定める
ものである。閲覧等の制限の制度が破産法12条の支障部分の閲覧等の制
限の制度と共通する部分があるため，その申立ての方式等を定めた破産
規則11条の規定を参考に定めたもので，基本的に同趣旨の規定である[6]。

(2) 申立てにおける秘匿事項記載部分の特定（1項）

　本条1項は，秘匿事項記載部分の閲覧等の制限の申立てにおいては，
秘匿事項記載部分を特定してしなければならないことを定めるものであ
る。同申立てがあったときは，その申立てについての裁判が確定するま
で，秘匿対象者以外の者は，当該秘匿事項記載部分の閲覧等の請求をす
ることができない（新法133条の2第3項）ことから，申立て自体に閲覧
等の請求を制限する効果があることとなる。しかし，秘匿事項記載部分
が特定されていないと，閲覧等の事務を取り扱う裁判所書記官として
は，どの部分について閲覧等を拒絶すべきかの判断をすることができ
ず，事務処理に困難を来すことになる。そこで，本条1項は，閲覧等の
制限の申立てに当たっては，秘匿事項や推知事項を最もよく知る申立人
において，秘匿事項記載部分を特定することを求めることとしたもので
ある。

　なお，以上のような本条1項の規定の趣旨から見て，これに反した中

6　最高裁判所事務総局民事局監修「条解破産規則」（法曹会，2005年）30頁参
　照

立ては適法でないものと扱われることになると考えられる。

⑶ 閲覧等の制限の申立ての時期（2項）

　本条2項は，自ら提出する文書等についての閲覧等の制限の申立て
は，当該文書等の提出の際にしなければならないとしている。

　これは，文書等に秘匿事項記載部分があることは，提出者である申立
人が最も熟知しており，当該文書等の提出時に閲覧等の制限の申立てを
することは容易である一方，当該申立てが遅れると，秘匿事項記載部分
がある文書等が閲覧等に供されてしまうおそれがあることから，文書等
の提出と同時に閲覧等の制限の申立てをすべきことを定めるものであ
る。

　本項は訓示規定であって，これに反して文書等の提出後に閲覧等の制
限の申立てがされたということだけで，当該申立てが適法でないものと
して取り扱われるものではないが，ひとたび文書等が相手方当事者に送
付されてしまうと，所期の目的が達せられないことになるため，実務的
には，本条2項の規律を遵守することが極めて重要な意味を持つことに
なると思われる。

　なお，本項は，自らが提出する文書等について閲覧等の制限の申立て
をする局面があり得ることを前提としているが，そもそも，住所，氏名
等の秘匿制度の下では，訴状の必要的記載事項（新法134条2項1号）を
除いて，原則として，秘匿事項及び推知事項が記載された書面は提出さ
れないことが想定されているのであり，自らが提出する文書等について
新法133条の2第2項の申立てが安易にされるべきではないと考えられ
る。当事者の攻撃又は防御に必要のない内容であれば，もとよりその部
分を除いて提出すれば足り，また，当事者の攻撃又は防御に必要なため
に提出せざるを得ない内容であれば，相手方当事者の閲覧等が許可され
得る（新法133条の4第2項）からである。

⑷ 申立人によるマスキング書面の作成及び提出（3項）

　本条3項は，秘匿事項記載部分の閲覧等の制限の申立てに当たっては，秘匿事項記載部分について最もよく知る申立人において，当該申立てに係る文書等から秘匿事項記載部分を除いたもの，いわゆるマスキング処理をした書面を作成して裁判所に提出しなければならないこととしたものである。一個の文書等の一部について秘匿事項記載部分が存在するとして閲覧等の制限の申立てがされた場合であっても，秘匿事項記載部分以外の部分の閲覧等の請求をすることはできるから，秘匿事項記載部分を確実に除外したものを円滑迅速に他方当事者等の閲覧等に供することができるようにするために設けたものである。

⑸　**閲覧等を制限する決定における秘匿事項記載部分の特定（4項）**

　本条4項は，秘匿事項記載部分の閲覧等の制限の申立てに基づき裁判所がする決定においては，閲覧等を制限する秘匿事項記載部分を具体的に特定しなければならないことを確認的に規定するものである。

⑹　**閲覧等を制限する決定等に応じたマスキング書面の作成及び提出（5，6項）**

　本条5項は，裁判所が当事者の申し立てた秘匿事項記載部分の一部のみを決定の対象として特定した場合には，裁判所が決定で認めなかった部分のマスキングを外す作業が必要となるところ，そのような作業は，当初のマスキング書面の作成提出を行った申立人において行うこととするのが合理的であることから，申立人において裁判所が特定した秘匿事項記載部分を除いたものを改めて提出させることにしている。本条3項と同様に，秘匿事項記載部分を確実に除外し，かつ，円滑迅速に他方当事者等の閲覧等に供することができるようにするための規定である。

　また，本条6項は，閲覧等の制限の決定について，その一部を取り消す旨の裁判（新法133条の4第1項）や，相手方の攻撃又は防御に実質的な不利益を及ぼすおそれがあるとして，その一部の閲覧等についての裁判所の許可の裁判（新法133条の4第2項）が確定したときは，同様に，

申立人は，当初の裁判所の決定で定められた秘匿事項記載部分（マスキング部分）のうち，一部取消し等に係る部分を外したものを作成し，裁判所に提出しなければならないとしている。

(7) 秘匿事項記載部分を除いて作成された文書等による閲覧等（7項）

本条7項は，①秘匿事項記載部分の閲覧等の制限の申立てがあり，申立てについての決定が確定するまでの間の当該申立てに係る文書等の閲覧等，②秘匿事項記載部分の閲覧等を制限する決定がされた場合の当該決定に係る文書等の閲覧等は，本条3項，5項本文又は6項の規定により作成された，秘匿事項記載部分を除外した文書等によってさせることができる旨を定めるものである。

本条3項，5項本文又は6項の規定により提出される文書等は，前記のとおり，秘匿事項記載部分がある文書等について，円滑適正に閲覧等に供することができるようにするために提出すべきものとされているものであり，その目的に照らし，秘匿事項記載部分を除いたものが提出された場合には，当然にこれにより閲覧等をさせることが予定されるものであるが，秘匿事項記載部分を除いたものは形式的には元の文書等とは別のものであるので，取扱いを明確にするため，確認的にこれによって閲覧等をさせることができることを規定するものである。

5 押印を必要とする書面の特例等

第五十二条の十二　氏名について秘匿決定があった場合には，この規則の規定（第五十二条の十（秘匿事項届出書面の記載事項等）第一項を除く。次項において同じ。）による押印（当該秘匿決定に係る秘匿対象者がするものに限る。）は，することを要しない。

2　住所等について秘匿決定があった場合には，この規則の規定による郵便番号及び電話番号等（当該秘匿決定に係る秘匿対象者に係るもの

> に限る。）の記載は，することを要しない。

(1) 本条の趣旨

　　本条は，一般に押印が求められる書面について，氏名につき秘匿決定があった場合には，氏名を推知させることになる押印を不要とし（1項），同様に，郵便番号及び電話番号等が記載される書面について，住所等につき秘匿決定があった場合には，住所等を推知させることになりかねない郵便番号及び電話番号等についても記載を不要とするものである（2項）。なお，閲覧等をすることができるのを秘匿対象者に限っている秘匿事項届出書面については，本条の対象とならないことを明記している（1項括弧書き）。

(2) 押印を必要とする書面についての特則（1項）

　ア　押印を必要とする書面

　　　民訴規則において，押印を必要とする書面には，秘匿事項届出書面以外に，以下のものがある。

　　① 訴状，準備書面その他の当事者又は代理人が裁判所に提出すべき書面（2条1項）

　　② 当事者照会の規定による照会書及び回答書（84条2項，3項）

　　③ 宣誓書（127条，112条3項。ただし，後記7参照）

　　④ 尋問に代わる書面（171条，124条3項）

　イ　氏名について秘匿決定があった場合に，秘匿対象者に上記アの書面への押印を義務付けると，氏名を明らかにすることになり，また，代替氏名その他の仮名の印鑑を使用することを求めることも相当ではないと考えられる。そのため，本条1項は，上記アの書面への押印を求めないこととしたものである。

(3) 郵便番号及び電話番号等の記載を必要とする書面についての特則（2項）

ア　郵便番号及び電話番号等の記載を必要とする書面

民訴規則において，郵便番号及び電話番号等の記載を必要とする書面には，秘匿事項届出書面以外に，以下のものがある。

① 訴状（53条4項）

② 答弁書（80条3項，53条4項）

③ 当事者照会の規定による照会書（84条2項8号。ただし，ファクシミリの番号のみ）

イ　住所等について秘匿決定があった場合に，上記アの書面に郵便番号及び電話番号等の記載を義務付けると，住所等を推知させることになりかねないため，本条2項では，これらの記載を求めないこととした。

6　秘匿決定の一部が取り消された場合等の取扱い（新法133条の4関係）

第五十二条の十三　秘匿決定の一部について法第百三十三条の四（秘匿決定の取消し等）第一項の取消しの裁判が確定したとき又は秘匿事項届出書面の一部について同条第二項の許可の裁判が確定したときは，法第百三十三条（申立人の住所，氏名等の秘匿）第一項の申立てをした者は，遅滞なく，既に提出した秘匿事項届出書面から当該取消しの裁判又は当該許可の裁判に係る部分以外の部分（秘匿事項又は秘匿事項を推知することができる事項が記載された部分に限る。）を除いたもの（次項において「閲覧等用秘匿事項届出書面」という。）を作成し，裁判所に提出しなければならない。

2　前項の規定により閲覧等用秘匿事項届出書面が提出された場合には，秘匿事項届出書面の閲覧又は謄写は，当該閲覧等用秘匿事項届出書面によってさせることができる。

（秘匿決定の取消し等）

新法第百三十三条の四　秘匿決定，第百三十三条の二第二項の決定又は前条の決定（次項及び第七項において「秘匿決定等」という。）に係る者以外の者は，訴訟記録等の存する裁判所に対し，その要件を欠くこと又はこれを欠くに至ったことを理由として，その決定の取消しの申立てをすることができる。

2　秘匿決定等に係る者以外の当事者は，秘匿決定等がある場合であっても，自己の攻撃又は防御に実質的な不利益を生ずるおそれがあるときは，訴訟記録等の存する裁判所の許可を得て，第百三十三条の二第一項若しくは第二項又は前条の規定により閲覧若しくは謄写，その正本，謄本若しくは抄本の交付又はその複製の請求が制限される部分につきその請求をすることができる。

3　裁判所は，前項の規定による許可の申立てがあった場合において，その原因となる事実につき疎明があったときは，これを許可しなければならない。

4　裁判所は，第一項の取消し又は第二項の許可の裁判をするときは，次の各号に掲げる区分に従い，それぞれ当該各号に定める者の意見を聴かなければならない。

　　一　秘匿決定又は第百三十三条の二第二項の決定に係る裁判をするとき　当該決定に係る秘匿対象者

　　二　前条の決定に係る裁判をするとき　当該決定に係る当事者又は法定代理人

5　第一項の取消しの申立てについての裁判及び第二項の許可の申立てについての裁判に対しては，即時抗告をすることができる。

6　第一項の取消し及び第二項の許可の裁判は，確定しなければその効力を生じない。

7 第二項の許可の裁判があったときは，その許可の申立てに係る当事
者又はその法定代理人，訴訟代理人若しくは補佐人は，正当な理由な
く，その許可により得られた情報を，当該手続の追行の目的以外の目
的のために利用し，又は秘匿決定等に係る者以外の者に開示してはな
らない。

(1) 本条の趣旨

本条は，秘匿決定の一部が取り消された場合等の秘匿事項届出書面の
取扱いについて定めるものである。

秘匿決定の一部についての取消しの裁判が確定した場合，又は秘匿事
項届出書面の一部について閲覧等の許可の裁判が確定した場合，申立人
において，既に提出した秘匿事項届出書面から，一部取消し又は閲覧等
の許可に係る部分を除いた閲覧等用秘匿事項届出書面を改めて作成・提
出することを義務付けるとともに（1項），秘匿事項届出書面の閲覧等
においては，提出された閲覧等用秘匿事項届出書面を用いることができ
ることとした（2項）。

(2) マスキング処理をした秘匿事項届出書面の作成及び提出（1項）

秘匿事項届出書面の閲覧等をすることができる者は秘匿対象者に限ら
れているが（新法133条の2第1項），秘匿決定の一部についての取消し
の裁判（新法133条の4第1項）が確定した場合，又は秘匿事項届出書面
の一部について閲覧等の許可の裁判（同条第2項）が確定した場合は，
その一部取消し等に係る部分については，秘匿対象者以外の者も閲覧等
を請求することが可能となる（ただし，一部について閲覧等の許可の裁判
が確定した場合において閲覧等を請求することが可能となるのは，当該許可
を受けた者に限られる。）。そこで，本条1項は，秘匿対象者において，
閲覧等をなお秘匿対象者（及び上記許可を受けた者）に限ることのできる
部分のみにマスキング処理を施した書面（閲覧等用秘匿事項届出書面）の

作成・提出を義務付け，これを閲覧等に供することにしている。52条の
11第5項，第6項と同様に，秘匿事項記載部分を確実に除外し，かつ，
円滑迅速に他方当事者等の閲覧等に供することができるようにするため
の規定である。なお，一部取消し等に係る部分でなくても，それが「秘
匿事項又は秘匿事項を推知することができる事項が記載された部分」で
なければ閲覧等を秘匿対象者に限る必要はないことから，そのような部
分（例えば「秘匿事項届出書面である旨の表示」が考えられる。）について
は，マスキング処理を施す必要がないことを規定上明らかにしている。

(3)　閲覧等用秘匿事項届出書面による閲覧等（2項）

　　本条2項は，秘匿決定の一部についての取消しの決定等があり，秘匿
事項届出書面の一部について，他方当事者等の閲覧等に供する場合に
は，本条1項の閲覧等用秘匿事項届出書面によってさせることができる
旨を定めるものである。閲覧等用秘匿事項届出書面の提出を求めた趣旨
から当然のことではあるが，取扱いを明確にするため，確認的にこれに
よって閲覧等をさせることができることを規定するものである。

7　宣誓（民訴法201条関係）

第百十二条　（略）

2・3　（略）

4　裁判長は，相当と認めるときは，前項前段の規定にかかわらず，同
　項前段に規定する署名押印に代えて，宣誓書に宣誓の趣旨を理解した
　旨の記載をさせることができる。

5　前二項の宣誓書には，良心に従って真実を述べ，何事も隠さず，ま
　た，何事も付け加えないことを誓う旨を記載しなければならない。

6　（略）

---

(1)　改正等の趣旨

本条4項は，証人には宣誓書に署名押印させなければならないこと（本条3項前段）の例外的取扱いとして，裁判長が相当と認めるときは，証人に宣誓書に署名押印させることに代えて，宣誓の趣旨を理解した旨の記載をさせることができる旨を新たに定めるものである。

(2) 宣誓の特則を設けた理由等（4項）

　裁判長は，証人に宣誓書を朗読させ，かつ，これに署名押印させなければならないものとされており（3項前段），この規定は，民訴規則127条本文により，当事者尋問にも準用されている。しかし，氏名について秘匿決定のあった当事者を尋問する場合や，証人の氏名が当事者の秘匿事項の推知事項に当たる場合に，宣誓書に署名押印させることは，訴訟記録にいたずらに秘匿事項ないし推知事項を記載することになるので，好ましくないと考えられる。

　一方で，証人に宣誓をさせたときは，その旨を調書に記載しなければならないこととされているが（67条1項4号），口頭弁論調書に宣誓した旨の記載があれば，宣誓書の作成がなくとも宣誓の効力には影響がないと解されているため[7]，宣誓書に署名押印させることは，宣誓の効力上，必須の行為であるとはいえない。

　そこで，本条4項では，裁判長が相当と認めるときは，宣誓書に署名押印させなくてよいことにしつつ，署名押印に代えて，宣誓者に宣誓をしたことを十分に自覚させる契機とするため，宣誓書に宣誓の趣旨を理解した旨の記載をさせることにしたものである。

(3) 「相当と認めるとき」（4項）

　本条4項では，「相当と認めるとき」といった要件を定めているが，当事者の氏名について秘匿決定があった場合の当事者（秘匿対象者本人）

7　最高裁判所事務総局民事局監修「条解民事訴訟規則」（司法協会，1997年）（以下「条解民訴規則」という。）245頁

を尋問する場合や，氏名を秘匿している当事者と同姓の証人を尋問する場合（当事者の氏名の推知事項に当たる場合）には，当該証人等に宣誓書に署名押印させるのは相当ではないことから，この要件に該当することになると解される。

　その他，住所，氏名等の秘匿制度の場面以外に，本条4項の特則が利用される典型的な場面としては，証人の氏名が民訴法92条所定の秘密保護のための閲覧等の制限の対象となっている場合が考えられる。[8]

8　証人尋問の規定の準用（民訴法216条関係）

第百三十四条　第百八条（呼出状の記載事項等）の規定は鑑定人の呼出状について，第百十条（不出頭の届出）の規定は鑑定人に期日に出頭することができない事由が生じた場合について，第百十二条（宣誓）第二項から第四項まで及び第六項の規定は鑑定人に宣誓をさせる場合について，第百十六条（文書等の質問への利用），第百十八条（対質），第百十九条（文字の筆記等），第百二十一条（傍聴人の退廷）及び第百二十二条（書面による質問又は回答の朗読）の規定は鑑定人に口頭で意見を述べさせる場合について，第百二十五条（受命裁判官等の権限）の規定は受命裁判官又は受託裁判官が鑑定人に意見を述べさせる場合について準用する。

　本条は，鑑定の場合に，証人尋問の規定を基本的に準用しているところ，新設された112条4項についても，準用の対象に含めることとしている。

8　本条3項が証人に宣誓書への署名押印を求めている趣旨からすれば，宣誓書への署名押印をさせないことが相当であると判断される局面としては，基本的には本文に記載したような場合に限られることになるものと考えられる。

三　電話会議等及びウェブ会議等に関する規律

1　映像と音声の送受信による通話の方法による口頭弁論の期日（新法87条の2第1項関係）

第三十条の二　法第八十七条の二（映像と音声の送受信による通話の方法による口頭弁論等）第一項に規定する方法によって口頭弁論の期日における手続を行うときは，裁判所は，次に掲げる事項を確認しなければならない。
　一　通話者
　二　通話者の所在する場所の状況が当該方法によって手続を実施するために適切なものであること。
2　前項の手続を行ったときは，その旨及び同項第二号に掲げる事項を口頭弁論の調書に記載しなければならない。

（映像と音声の送受信による通話の方法による口頭弁論等）
新法第八十七条の二　裁判所は，相当と認めるときは，当事者の意見を聴いて，最高裁判所規則で定めるところにより，裁判所及び当事者双方が映像と音声の送受信により相手の状態を相互に認識しながら通話をすることができる方法によって，口頭弁論の期日における手続を行うことができる。
2　（略）
3　前二項の期日に出頭しないでその手続に関与した当事者は，その期日に出頭したものとみなす。

(1)　本条の趣旨

　本条は，ウェブ会議等の方法により口頭弁論の期日における手続を行うことができる旨を定めた新法87条の2第1項が最高裁判所規則への委任規定を置いたのを受けて，同手続を行う場合の確認事項（1項）及び調書への記載事項（2項）について定める新設規定である。

⑵　「通話者」及び「通話者の所在する場所の状況が当該方法によって手続を実施するために適切なものであること」の確認（1項）

　本条1項は，ウェブ会議等の方法により口頭弁論の期日における手続を行うときに，手続を主宰する裁判所が，「通話者」及び「通話者の所在する場所の状況が当該方法によって手続を実施するために適切なものであること」を確認しなければならないことを定めている。

　ウェブ会議等の方法により手続に関与した当事者は，裁判所に現実に出頭しなくとも出頭したものとみなされるのであるから（新法87条の2第3項），手続を主宰する裁判所が「通話者」が誰であるかを確認することは，手続に慎重を期するため当然のことであると考えられる。これによって，通話者が当事者又はその代理人であることが確認されれば，その者の氏名が「出頭した当事者，代理人の氏名」（66条1項4号）として調書に記載されることになる。

　「通話者の所在する場所の状況が当該方法によって手続を実施するために適切なものであること」を確認することとしたのは，ウェブ会議等の方法による口頭弁論の期日における手続は，裁判所が「相当と認めるとき」に限って行うことができるものであるところ（新法87条の2第1項），その相当性の判断に当たっては，ウェブ会議等の方法により手続に参加しようとする通話者の所在する場所の状況が当該手続を実施するために適切な状況にあるか否かが重要な考慮要素としての意味合いを持つと考えられたためである。

　場所の状況が適切であるというのは，評価的な事柄であるが，通常の場合，通話者の所在する場所に無関係の第三者が立ち会っていないこと

や，当該場所の非公開性や静ひつさが確保されていること等を指すことになるものと考えられる。その確認に当たっては，通常，弁護士事務所や自宅であるなどといった場所の属性を確認することが前提になると考えられるが，当該場所の住所地番といった情報は，当該場所の状況の適切さと関係を有しないから，確認の対象には含まれない。

具体的な確認の方法についての定めは置かれていないので，事案や参加者の属性等に応じて裁判体が適切と考える方法で確認することになろうが，必要な場合には，ウェブ会議用のカメラを回して周囲の状況を映し出すよう指示するなど，画面を通じた目視による確認を行うことも考えられる。

(3) 調書への記載事項（2項）

ウェブ会議等の方法により口頭弁論の期日における手続を行った場合には，「その旨」を口頭弁論の調書に記載することとしており，現実に出頭した者とウェブ会議等の方法により関与することで期日に出頭したものとみなされる者との区別も調書に記載される。また，法令上は，「映像と音声の送受信により相手の状態を相互に認識しながら通話をすることができる方法」により実施したという形で規定されているが，その具体的な方法としては，ウェブ会議，テレビ会議の区別が存在するのであるから，これらの具体的な通話方法を特定した上で記載するのが相当と考えられる。

また，本条1項2号で「通話者の所在する場所の状況が当該方法によって手続を実施するために適切なものであること」を確認するとしたことから，そのような確認がされたことを記録上明らかにして，手続の実施状況を明確にしておくため，本条2項では，その点も調書の必要的記載事項としている。

調書への具体的な記載としては，通話者の所在する場所の状況が適切であったことを確認した旨を記載することになるが，結論的な記載のみ

ならず，そのように判断する根拠となった確認内容についても原則とし
て記載すべきである。すなわち，前記(2)のとおり，「通話者の所在する
場所の状況が当該方法によって手続を実施するために適切なものである
こと」の確認に当たっては，まず，弁護士事務所や自宅といった場所の
属性を確認するのが通常と考えられるところ，そのような事項は，ウェ
ブ会議等を実施するために適切な環境か否かを判断する上での最も基本
的な資料といえるから（「弁護士事務所」や「自宅」から実施しているので
あれば，一般的には，通話者によって適切な環境を確保することが可能な場
合が多いと考えられる。），特段の事情のない限り，そのような場所の属
性も調書に併せて記載することが求められる。ただし，場所の属性の記
載を求める趣旨が上記のようなものであることからすると，調書への具
体的な記載の仕方は，ある程度柔軟に工夫することが可能であり，例え
ば，弁護士が自宅から参加していることを調書上明らかにすることを望
まない場合には，「被告代理人の執務室」などの記載方法も考え得るし，
秘匿制度との関係で場所の属性を記載することが相当でないような場合
には，記載を省略することも可能である。

2 音声の送受信による通話の方法による審尋の期日（新法87条の2第2項
関係）

第三十条の三　前条の規定は，法第八十七条の二（映像と音声の送受信
による通話の方法による口頭弁論等）第二項に規定する方法によって
審尋の期日における手続を行う場合について準用する。

（映像と音声の送受信による通話の方法による口頭弁論等）
新法第八十七条の二　（略）
2　裁判所は，相当と認めるときは，当事者の意見を聴いて，最高裁判

所規則で定めるところにより，裁判所及び当事者双方が音声の送受信により同時に通話をすることができる方法によって，審尋の期日における手続を行うことができる。

3　前二項の期日に出頭しないでその手続に関与した当事者は，その期日に出頭したものとみなす。

(1)　本条の趣旨

本条は，新法87条の2第2項による最高裁判所規則への個別委任を受けて，電話会議等の方法によって審尋の期日における手続を行う場合の確認事項（1項）及び調書への記載事項（2項）について定める新設規定である。

(2)　規定の内容

本条は，ウェブ会議等の方法によって口頭弁論の期日における手続を行う場合の確認事項及び調書記載事項に関する30条の2（前記1）を，電話会議等の方法によって審尋の期日における手続を行う場合に準用する規定である。審尋の期日においては，電話会議の方法によっても手続を実施することが可能であるという違いがあるものの，電話会議で手続を行った場合の確認事項や調書への記載事項についても，ウェブ会議等の場合と同様に考えることができるから，30条の2の規律を準用することとしている。その内容については同条の解説を参照されたい。

3　和解のための処置（新法89条関係）

第三十二条　裁判所又は受命裁判官若しくは受託裁判官（以下「裁判所等」という。）は，和解のため，当事者本人又はその法定代理人の出頭を命ずることができる。

2　裁判所等は，相当と認めるときは，裁判所外において和解をすることができる。

3 裁判所等及び当事者双方が音声の送受信により同時に通話をすることができる方法によって和解の期日における手続を行うときは，裁判所等は，次に掲げる事項を確認しなければならない。

一 通話者

二 通話者の所在する場所の状況が当該方法によって手続を実施するために適切なものであること。

4 前項の手続を行い，かつ，裁判所等がその結果について裁判所書記官に調書を作成させるときは，同項の手続を行った旨及び同項第二号に掲げる事項を調書に記載させなければならない。

（和解の試み等）

新法第八十九条 （略）

2 裁判所は，相当と認めるときは，当事者の意見を聴いて，最高裁判所規則で定めるところにより，裁判所及び当事者双方が音声の送受信により同時に通話をすることができる方法によって，和解の期日における手続を行うことができる。

3 前項の期日に出頭しないで同項の手続に関与した当事者は，その期日に出頭したものとみなす。

4・5 （略）

(1) 改正等の趣旨

電話会議等の方法により和解の期日における手続を行うことができる旨を定めた新法89条2項が最高裁判所規則への委任規定を置いたのを受けて，電話会議等の方法によって和解の期日における手続を行う場合の確認事項（3項）及び調書への記載事項（4項）についての規定を新たに設けている。

(2) 規定の内容

　本条３項及び４項は，ウェブ会議等の方法によって口頭弁論の期日における手続を行う場合の30条の２（前記１）と同趣旨の規定であるので，同条の解説を参照されたい。

　なお，和解の期日は，当然に調書が作成される口頭弁論の期日（法160条参照）と異なり，調書の作成は必要的ではないものの，期日で和解が成立した場合等には，期日調書を作成することになると考えられるので（法267条参照），本条４項は，そのような場合の調書への記載事項を定めるものである。調書が作成されなかった場合の扱いについては，特段の定めを置いていないが，実務上，和解期日が行われた日時等を明らかにするために経過表等が作成されるのが一般的であるので，期日が電話会議等の方法により行われた場合には，その旨も併せて明らかにすることが考えられよう。

4　弁論準備手続調書等（新法170条関係）

第八十八条　（略）

２　裁判所及び当事者双方が音声の送受信により同時に通話をすることができる方法によって弁論準備手続の期日における手続を行うときは，裁判所又は受命裁判官は，次に掲げる事項を確認しなければならない。

一　通話者

9　書面による準備手続における協議に関する91条３項は「記録をさせたときは……記載させなければならない」としているのに対し，本条４項は「調書を作成させるときは……記載させなければならない」としている。この違いは，書面による準備手続に関する91条３項は，「協議の結果の記録」をさせることとした際に併せて所定の事項の記載を求めるものであるのに対し，本条では，調書を作成する際の調書中の記載事項という形で定められているためである。

　二　通話者の所在する場所の状況が当該方法によって手続を実施するために適切なものであること。

3　前項の手続を行ったときは，その旨及び同項第二号に掲げる事項を弁論準備手続の調書に記載しなければならない。

4　（略）

（弁論準備手続における訴訟行為等）

新法第百七十条　（略）

2　（略）

3　裁判所は，相当と認めるときは，当事者の意見を聴いて，最高裁判所規則で定めるところにより，裁判所及び当事者双方が音声の送受信により同時に通話をすることができる方法によって，弁論準備手続の期日における手続を行うことができる。

4・5　（略）

(1)　改正の趣旨

　改正前の本条2項及び3項は，電話会議等の方法により弁論準備手続の期日の手続を行う場合における確認事項及び調書の記載事項について定めていたが，①「通話先の場所」を確認の対象としていたのを改め，その代わりに，「通話者の所在する場所の状況が当該方法によって手続を実施するために適切なものであること」を確認の対象とする（2項2号），②調書の記載事項についても，「通話先の電話番号」を必要的記載事項，「通話先の場所」を任意的記載事項としていたのを改め，「前項第二号に掲げる事項」を必要的記載事項とする（3項）といった内容に改めたものである。

　改正した後の確認事項及び調書記載事項については，ウェブ会議等の

方法によって口頭弁論の期日における手続を行う場合の30条の2（前記
1）と同趣旨であるので，同条の解説を参照されたい。

(2) 「通話先の場所」の確認を不要とした理由（2項）

改正前の本条2項が「通話先の場所」を確認しなければならないもの
としていたのは，現行法170条3項において「当事者が遠隔の地に居住
しているとき」といういわゆる遠隔地要件が定められていたため，同要
件との関係で，「通話先の場所」がどこであるかが重要な要素であった
というのが主たる理由であったと考えられる。[10]

改正法においては，法170条3項から遠隔地要件が削除されているた
め，同要件との関係で「通話先の場所」が遠隔地であることを確認しな
ければならない必然性はなくなったこととなる。近時，テレワークで勤
務する弁護士が自宅等から争点整理手続にウェブ会議の方法により参加
する例も見られるようになっている中で，通話先の具体的な場所を確認
することは，プライバシーに対する配慮の観点から望ましくない場合も
あると考えられる。

そこで，今般，「通話者の所在する場所の状況が当該方法によって手
続を実施するために適切なものであること」という実質的な確認事項を
新たに定めたことも踏まえて，本条2項では，形式的な「通話先の場
所」がどこであるかの確認は不要とすることとしたものである。

(3) 調書記載事項から「通話先の電話番号」及び「通話先の場所」を削除
した理由（3項）

改正前の本条3項が，「通話先の電話番号」を調書の必要的記載事項
としていたのは，現行法170条3項において定められている遠隔地要件
との関係で「通話先の場所」がどこであるかが重要な要素であることを
前提に，市外局番によって通話先のおおよその場所を明らかにすること

10　条解民訴規則201頁

ができるためであり，「通話先の場所」を調書の任意的記載事項としていたのは，「通話先の電話番号」のみでは通話先のおおよその場所が明らかとならないこともあり得るためであったと考えられる[11]。

　前記(2)のとおり，遠隔地要件が削除されたことに伴い，「通話先の場所」の確認を不要としたことにより，それを調書に記載する必要はなくなった。「通話先の電話番号」についても，「通話先の場所」のおおよその場所が明らかになるといった理由で，調書に記載する必然性はなくなった上（そもそも携帯電話の普及により，「通話先の電話番号」が通話先のおおよその場所を示すものではない場合も増えていた。），現在の争点整理手続の運用において，ウェブ会議の利用が顕著に増加したことにより，電話番号を調書に記載する意義は一層低下したものといえる。調書に記載する合理的な理由に乏しい中で「通話先の電話番号」といった個人情報を調書に記載することは，プライバシーに対する配慮の観点から望ましくない場合もあると考えられる[12]。

　以上の理由から，本条3項で，電話会議等の方法により弁論準備手続の期日を行う場合の調書記載事項から「通話先の電話番号」及び「通話先の場所」を削除することとしたものである。

5　音声の送受信による通話の方法による協議（新法176条関係）

第九十一条　（略）

2　（略）

3　第一項の方法による協議をし，かつ，裁判長等がその結果について

11　条解民訴規則202頁

12　ウェブ会議等の場合に，電話番号に相当するような情報を調書に記載するとすれば，メールアドレスやIDを調書に記載することが一応考え得るものの，そのような情報を調書に記載するのも，やはり相当でないと考えられる。

裁判所書記官に記録をさせたときは，その記録に同項の方法による協議をした旨及び次項において準用する第八十八条（弁論準備手続調書等）第二項第二号に掲げる事項を記載させなければならない。

4　第八十八条第二項の規定は，第一項の方法による協議をする場合について準用する。

（書面による準備手続の方法等）

新法第百七十六条　裁判長は，書面による準備手続を行う場合には，第百六十二条第一項に規定する期間を定めなければならない。

2　裁判所は，書面による準備手続を行う場合において，必要があると認めるときは，最高裁判所規則で定めるところにより，裁判所及び当事者双方が音声の送受信により同時に通話をすることができる方法によって，争点及び証拠の整理に関する事項その他口頭弁論の準備のため必要な事項について，当事者双方と協議をすることができる。この場合においては，協議の結果を裁判所書記官に記録させることができる。

3　第百四十九条，第百五十条及び第百六十五条第二項の規定は，書面による準備手続について準用する。

(1) 改正の趣旨

改正前の本条3項は，電話会議等の方法によって書面による準備手続における協議を行い，裁判長等がその結果について裁判所書記官に記録をさせるときの記載事項として，「通話先の電話番号」を定めていたが，それに代えて，「通話者の所在する場所の状況が当該方法によって手続を実施するために適切なものであること」を記載事項とするように改めたものである。

　本条４項については，規定上は特段の改正は加えていないものの，電話会議等の方法によって弁論準備手続の期日における手続を行う場合の88条２項を準用していることから，88条２項の改正に伴い，電話会議等の方法により書面による準備手続における協議を行う場合の確認事項が，「通話先の場所」から「通話者の所在する場所の状況が当該方法によって手続を実施するために適切なものであること」へと改まったことになる。

(2)　規定の内容

　本条は，電話会議等の方法によって弁論準備手続の期日における手続を行う場合の確認事項及び調書記載事項に関する88条（前記４）と同趣旨の改正であり，詳細については同条の解説を参照されたい。

　なお，新法176条２項後段は，協議の結果を裁判所書記官に記録させることができる旨規定しており，その趣旨は，当該協議において当事者が口頭でした主張等を裁判所書記官に記録させることによって，当事者が，改めて準備書面を提出し直さなくても，手続終結後の口頭弁論の期日等において，その記録を引用して主張等を整然と行うことができるようにするためとされている。[13] この記録化の具体的な方法について法は特段の規定を設けていないので，裁判所書記官は，適宜の方法で訴訟記録にとどめれば足りることになるが（記録化の方法として，調書を作成することもできることは，本条２項が明らかにしている。），本条３項は，電話会議等の方法によって行われた書面による準備手続において，協議結果の記録化が行われた場合には，協議が電話会議等の方法によって行われた旨のほか，「通話者の所在する場所の状況が当該方法によって手続を実施するために適切なものであること」も併せて記録化しなければなら

13　法務省民事局参事官室編「一問一答　新民事訴訟法」（商事法務，1996年）217頁

ないことを定めている。

6　音声の送受信による通話の方法による進行協議期日

第九十六条　裁判所は，相当と認めるときは，当事者の意見を聴いて，裁判所及び当事者双方が音声の送受信により同時に通話をすることができる方法によって，進行協議期日における手続を行うことができる。

2　（略）

3　第一項の方法による手続を行い，かつ，裁判所又は受命裁判官がその結果について裁判所書記官に調書を作成させるときは，同項の方法による手続を行った旨及び次項において準用する第八十八条（弁論準備手続調書等）第二項第二号に掲げる事項を調書に記載させなければならない。

4　第八十八条第二項の規定は，第一項の手続を行う場合について準用する。

---

(1)　改正等の趣旨

　　本条の改正点は，①電話会議等の方法により進行協議期日を行う場合における遠隔地要件及びいわゆる一方当事者出頭要件を削除する（1項），②電話会議等の方法により手続に関与した当事者について，訴えの取下げ，請求の放棄及び認諾をすることができないとしていた制限を撤廃する（旧3項の削除），③電話会議等の方法によって進行協議期日における手続を行い，裁判所等がその結果について調書を作成させるときの調書への記載事項を新たに定める（新3項）というものである。[14]

14　その他，本条4項が，88条2項を準用しているため，同項の改正により，電話会議等の方法により進行協議期日の手続を行う場合の確認事項が，「通話先

⑵　電話会議等の方法により進行協議期日を行う場合における遠隔地要件及び一方当事者出頭要件を削除した理由（１項）

　　改正前の本条１項は，弁論準備手続期日に関する法170条３項と同様に，電話会議等の方法により進行協議期日における手続を行うための要件として，「当事者が遠隔の地に居住しているときその他相当と認めるとき」との遠隔地要件と，当事者の一方がその期日に出頭しているといった一方当事者出頭要件を定めていたが，法170条３項において，これらの要件が撤廃された以上，進行協議期日に限って，これらの要件を維持すべき合理的な理由は存在しないといえる。

　　そこで，本条１項において，遠隔地要件及び一方当事者出頭要件を削除することとした。

⑶　電話会議等の方法により出頭したものとみなされる当事者につき，訴えの取下げ，請求の放棄及び認諾の制限を削除した理由（旧３項）

　　改正前の本条３項は，「進行協議期日においては，前項の当事者は，前条（進行協議期日）第二項の規定にかかわらず，訴えの取下げ並びに請求の放棄及び認諾をすることができない。」と規定し，「前項の当事者」，すなわち電話会議等の方法により手続に参加したことから期日に出頭したものとみなされる当事者（本条２項）について，訴えの取下げ等をすることができないものとしていたが，弁論準備手続についての同様の制限は，平成15年の民事訴訟法改正により撤廃されており，進行協[15]

の場所」から「通話者の所在する場所の状況が当該方法によって手続を実施するために適切なものであること」に改まったことになる。

15　平成15年法律第108号による改正前の民事訴訟法170条第５項は「第三項の期日においては，前項の当事者は，訴えの取下げ，和解並びに請求の放棄及び認諾をすることができない。ただし，請求の放棄又は認諾については，請求の放棄又は認諾をする旨の書面を提出しているときは，この限りでない。」と規定していたが，平成15年改正により，電話会議の方法による弁論準備期日につ

議期日に限って，上記制限を存続させることに合理的な理由は存在しないといえる。

そこで，本条3項における，電話会議等の方法により出頭したものとみなされる当事者につき，訴えの取下げ，請求の放棄及び認諾の制限を削除することとした。

(4) 電話会議等の方法により手続を行う場合の調書記載事項（3項）

前記(3)のとおり，電話会議等により手続に参加した当事者も，訴えの取下げ，請求の放棄及び認諾をすることが可能となったところ，電話会議等の方法による進行協議期日において，それらの重要な訴訟行為がされた場合には，これを公証したり，請求の放棄・認諾については，確定判決と同一の効力を有する文書を残す（法267条）ため，期日調書を作成して，これにこれらの訴訟行為があったことを記載することになると考えられる。そこで，本条3項で，和解期日における32条4項と同様に，裁判所等が，電話会議等の方法によって行った進行協議期日の手続の結果について調書を作成させることとしたときの調書への記載事項についての規律を新たに定めることとした。

調書を作成する場合の記載事項については，電話会議等の方法によって弁論準備手続の期日における手続を行う場合の調書記載事項に関する88条（前記4）と同様であるので，同条の解説を参照されたい。

四　その他の規律

1　閲覧等の制限の申立ての方式等（新法92条関係）

き，本人確認やその他システム上の格別の問題はみられず，当事者の裁判所へのアクセスの利便性を拡充する機能であるにもかかわらず，訴訟終了の意思表示がされても直ちにその効力を生じないことが不要に手続を遅滞させることとなることを理由として，削除された（小野瀬厚・武智克典「一問一答　平成15年改正民事訴訟法」（商事法務，2004年）88頁）。

第三十四条　法第九十二条（秘密保護のための閲覧等の制限）第一項の
　申立ては，書面で，かつ，秘密記載部分を特定してしなければならな
　い。

2　当事者は，自らが提出する文書その他の物件（以下この条及び第五
　十二条の十一（法第百三十三条の二第二項の申立ての方式等）におい
　て「文書等」という。）について前項の申立てをするときは，当該文
　書等の提出の際にこれをしなければならない。

3　第一項の申立てをするときは，当該申立てに係る文書等から秘密記
　載部分を除いたものをも作成し，裁判所に提出しなければならない。
　ただし，同項の申立てに係る秘密記載部分が当該申立てに係る文書等
　の全部であるときは，この限りでない。

4　第一項の申立てを認容する決定においては，秘密記載部分を特定し
　なければならない。

5　前項の決定があったときは，第一項の申立てをした者は，遅滞な
　く，当該申立てに係る文書等から当該決定において特定された秘密記
　載部分を除いたものを作成し，裁判所に提出しなければならない。た
　だし，当該申立てにおいて特定された秘密記載部分と当該決定におい
　て特定された秘密記載部分とが同一である場合は，この限りでない。

6　法第九十二条第三項の申立ては，書面でしなければならない。

7　法第九十二条第一項の決定の一部を取り消す裁判が確定したとき
　は，第一項の申立てをした者は，遅滞なく，当該申立てに係る文書等
　から当該決定において特定された秘密記載部分のうち当該決定の一部
　を取り消す裁判に係る部分以外の部分を除いたものを作成し，裁判所
　に提出しなければならない。

8　第三項本文，第五項本文又は前項の規定により文書等から秘密記載
　部分を除いたものが提出された場合には，当該文書等の閲覧，謄写又

> は複製は，その提出されたものによってさせることができる。

(1) 改正の趣旨

　本条は，民訴法92条所定の秘密保護のための閲覧等の制限の申立ての方式等について整理するものであり，趣旨及び基本的な枠組みは52条の11と同じである。

　まず，秘密保護のための閲覧等の制限の申立ては，書面で，訴訟記録中の秘密記載部分を特定してしなければならないものとしている（1項）。この申立ては，申立人自身が提出する文書等においては，当該文書等の提出の際にしなければならないものとし（2項），申立てをするときは，秘密記載部分が当該申立てに係る文書等の全部である場合でない限り，当該申立てに係る文書等から秘密記載部分を除いたものを作成・提出することを義務付けている（3項）。裁判所が申立てを認める場合には，秘密記載部分を特定しなければならず（4項），裁判所が申立てとは異なる範囲で秘密記載部分を特定して閲覧等の制限の決定をした場合や閲覧等の制限の決定の一部を取り消す裁判が確定した場合には，裁判所の特定した秘密記載部分（一部取消しに係る部分を除く。）を除いたものを作成・提出しなければならない（5項，7項）。そして，当該文書の閲覧等においては，秘密記載部分を除いて提出されたものを用いることができるものとしている（8項）。また，取消しの申立ての方法として，書面での申立てを求めている（6項）。

(2) 改正の理由等

　秘匿制度のうち，新法133条の2第2項の申立ての方式等に関する52条の11が新たに定められたところ，新法133条の2第2項の申立てと民訴法92条の閲覧等の制限の申立ての性質は類似しており，その申立ての方式等についての規律を別にする理由は乏しかったことから，52条の11と平仄を合わせる形で，民訴法92条の閲覧等制限の申立ての方式等を整

理することにしたものである。

　本条の改正のうち，最も重要な点は，申立人において秘密記載部分にマスキング処理をした書面を作成・提出させる取扱いを明記した点にある（3項，5項本文及び7項）。秘密記載部分の有無及び範囲等は，申立人が最もよく熟知しているため，現在の運用においても，上記取扱いが行われていたところであるが，そのための直接的な根拠規定は存在しなかった（上記取扱いの手掛かりとなる規定としては，3条の2第2項，33条の2第3項が存在していた。）。[16]この点について，明示的な規定を設けることについては，法制審議会民事訴訟法（IT化関係）部会における議論でも，特段異論はなかったところであるため，[17]今回，52条の11と同様の明文規定を設けることとしたものである。なお，本条3項ただし書では，秘密記載部分が文書等の全部である場合には，マスキング書面の提出・作成は不要である旨を定めているが，これは，文書等の記載内容全部が秘密記載部分に当たるという場合も想定し得るためである（これに対し，文書等の全部が秘匿事項記載部分に当たるといった場合は想定困難であることから，52条の11第3項では，このようなただし書は設けられていない。）。

2　写真の撮影等の制限

16　餘多分宏聡＝柴田啓介「民事訴訟規則の一部を改正する規則及び消費者の財産的被害の集団的な回復のための民事の裁判手続の特例に関する規則の概要」判例タイムズ1417号5頁（2015年）（7頁），秋山幹男ほか「コンメンタール民事訴訟法Ⅰ（第3版）」（日本評論社，2021年）75頁

17　法制審議会民事訴訟法（IT化関係）部会資料18・28頁によれば，パブリックコメントにおいても，秘密保護のための閲覧等の制限の申立てをする当事者は，当該申立て及び閲覧等の制限の決定に対応したマスキング書面の作成及び提出をしなければならないこととする規律を設ける考え方について，賛成する意見が全てであった。

第七十七条　民事訴訟に関する手続の期日における写真の撮影，速記，録音，録画又は放送は，裁判長，受命裁判官又は受託裁判官の許可を得なければすることができない。期日外における審尋及び法第百七十六条（書面による準備手続の方法等）第三項に基づく協議についても，同様とする。

(1)　改正の趣旨

　本条は，法廷における秩序維持の見地から，写真の撮影等の制限について定めた規定であり，その適用対象となる局面が「法廷」に限られていたのを民事訴訟に関する手続一般に拡大するように改めたものである。

(2)　制限場面を拡大した理由

　改正前の本条の対象範囲は「法廷」であり，これを受命裁判官又は受託裁判官が行う手続等に準用する78条の規定と併せても，文言上，（受命裁判官ではなく）裁判所の行う弁論準備手続の期日や，書面による準備手続における協議には，録音・録画の一律禁止の規律が及ばない形になっていた。[18] しかし，これらの期日等を写真の撮影等の制限の対象から除外する合理的理由があるとは考え難い上，改正法により広く利用可能となったウェブ会議等の方法により手続を行う場合には，無断録音等のリスクがより高まるとも考えられることを併せ考慮すると，今回の改正を機に，本条による制限場面を民事訴訟の手続一般に広く及ぶことを明文化するのが望ましいと考えられた。

　そこで，本条前段で，77条の適用場面を「民事訴訟に関する手続の期

18　これらの期日等では，裁判所法72条により個別に録音・録画を禁止することとなっていたものと解される。

日」として期日一般に拡大することにした上で，本条後段で，「期日」には含まれない書面による準備手続における協議と「期日外における審尋」[19]をも本条の適用対象とする旨を明記することとした。[20]

(3) 制限対象行為

法制審議会民事訴訟法（IT化関係）部会では，①映像と音声の送受信に用いる端末上の映像（画像）のいわゆるスクリーンショットを撮影する行為や，②送信されてきた映像と音声を端末に保存することなく配信する行為（いわゆる固定を伴わない生配信）も規制の対象とすべきであるとの意見があった。

本条による制限の対象として掲げられる行為については，本条の趣旨に鑑みて解釈されるべきところ，「写真の撮影，録音又は録画」とは，一定の機器等を用いて法廷内の状況を機械的に正確に記録することによって，法廷における秩序を乱す危険性を有する行為と解されるから，[21]映像と音声の送受信に用いるパソコン等の機器を用いて，法廷等の映像を機械的に正確に記録すること（スクリーンショット）は，「写真の撮影」に含まれるものと解釈することができる。また，本条の「放送」とは，法廷内の状況を外部に流出させて法廷外の者が認識可能な状態に置くことができる点に着目していると解されるから，ネットワークを介して法廷等の映像や音声を法廷の外にいる者に送信すること（生配信）は，「放送」に当たると解釈することができる。そのほかに，自動文字起こ

19　「期日」とは，訴訟行為を行うために定められる時間を意味すると解されることから，その点において，書面による準備手続における協議は「期日」に含まれないことになる。

20　改正前の民訴規則78条は，77条を「裁判所の審尋」に準用していたから，「期日外における審尋」については，改正前から，写真撮影等の制限の規律が及んでいたことになる。

21　条解民訴規則169頁

し機能を備えたアプリ等により，期日等でのやり取りを文字に変換する行為が本条の制限対象に当たるかも問題となり得るが，「速記」とは，速記機械又は特殊な速記技術を利用することによって，法廷内の状況を正確に筆記する行為を指すと解されるから，「速記」に当たると解釈できる。

　今後も，技術の発展により，裁判長の許可に係らしめるべき行為が新たに生じることが予想されるところであるが，それらを本条に規定する文言の解釈で捕捉することは十分に可能であると考えられ，むしろ具体的な行為を念頭に詳細な規律を置くこととすると，規定の欠落を生じかねないことから，制限対象行為に係る規定ぶりについては特段の改正は加えないこととされた。

3　裁判所の審尋等への準用

> 第七十八条　法第百六十条（口頭弁論調書）及び第六十六条から第七十六条まで（口頭弁論調書の形式的記載事項，口頭弁論調書の実質的記載事項，調書の記載に代わる録音テープ等への記録，書面等の引用添付，陳述の速記，速記録の作成，速記録の引用添付，速記原本の引用添付，速記原本の反訳等，速記原本の訳読及び口頭弁論における陳述の録音）の規定は，裁判所の審尋及び口頭弁論の期日外に行う証拠調べ並びに受命裁判官又は受託裁判官が行う手続について準用する。

(1)　改正の趣旨

　本条は，66条から77条までの規定を，裁判所の審尋（法87条2項，187条等）及び口頭弁論の期日外に行う証拠調べ（法185条1項，234条等）並びに受命・受託裁判官が行う手続について準用していたが，77条の適用範囲が「民事訴訟に関する手続の期日」等に拡大されたことに伴い，77条を準用の対象から除外することに改めた。

(2) 改正の理由等

　本条を改正したのは，77条がその適用範囲を「法廷」から「民事訴訟に関する手続の期日」等に拡大したことに伴い，同条を本条で準用する必要がなくなったためである。改正前の本条で77条を準用していた手続については，以下のとおり，新規則においても引き続き，写真の撮影等の制限の規律が及ぶこととなる。

・「口頭弁論の期日外に行う証拠調べ」は「証拠調べ期日」であるから，[22] 77条前段の「民事訴訟に関する手続の期日」に含まれる。

・「裁判所の審尋」及び「受命裁判官又は受託裁判官が行う手続」のうち，77条後段で定めた「期日外における審尋」及び書面による準備手続における協議（法176条2項）以外のものは全て77条前段の「民事訴訟に関する手続の期日」に当たる。

五　関連規則の整備の概要

　改正規則では，民訴規則のほか，22の最高裁判所規則を整備しているが[23]，その主な内容は，次のとおりである。

1　秘匿に関する民訴規則の規定を準用する規定を設ける改正等

　改正法上，秘匿に関する規律は，民事訴訟以外の各手続にも基本的に適用又は準用されているので，新たに定めた民訴規則の規律も，各手続に適用又は準用されるものとしているが，その具体的方法は，各手続によって若干異なっているので，以下，その概略について説明する。

22　秋山幹男ほか「コンメンタール民事訴訟法Ⅳ（第2版）」（日本評論社，2019年）120頁

23　別表「改正規則における準用一覧表」（以下，単に「別表」という。）の1ないし20に掲げる最高裁判所規則のほか，民事訴訟費用等に関する規則（後記4参照）と犯罪収益に係る保全手続等に関する規則（改正法による項ずれの修正）。

(1) 民訴規則の適用・包括準用

　　秘匿に関する規律を含め，民訴法の規定を包括的に準用している破産
手続，民事執行手続等については，各規則において既に存在する民訴規
則の規定を包括的に準用する旨の規定により，前記二の規律が当然に及
ぶことになるので，秘匿との関係では，新たな改正規定は設けていな
い。別表の「1　秘匿に関する民訴規則の規定の準用等」で「(1)包括
準用」と記載されている最高裁判所規則が，これに当たる。

　　また，人事訴訟手続については，民訴規則が直接適用され，前記二の
規律が当然に及ぶことになるので，秘匿との関係で新たな改正規定は設
けていない。

(2) 民訴規則の規律の内容に一定の修正を加えるもの

　ア　非訟事件手続法，家事事件手続法及び国際的な子の奪取の民事上の
　　側面に関する条約の実施に関する法律（以下「ハーグ法」という。）は，
　　いずれも，民事訴訟とは異なり，当事者であっても裁判所の許可がな
　　ければ記録の閲覧等ができない規律となっており（非訟事件手続法32
　　条，家事事件手続法47条，254条，ハーグ法62条等），個別の書面に記載
　　された秘匿事項等の記載の閲覧等の制限は，裁判所の許可・不許可で
　　対応すれば足りるため，秘匿に関する民訴法の規律のうち，秘匿事項
　　届出書面を除く訴訟記録の閲覧等の制限の仕組み（新法133条の2第2
　　項及び133条の3等）は準用されていない（新非訟事件手続法42条の2，
　　新家事事件手続法38条の2，新ハーグ法69条の2）。

　　　そこで，これらの手続で，秘匿に関する民訴規則の規定を準用する
　　に当たっては，新法133条の2第2項の閲覧等の制限に関する民訴規
　　則の規定（52条の9第2号及び52条の11）を除いて準用することとして
　　いる（新非訟事件手続規則36条の2，新家事事件手続規則26条の2，新国
　　際的な子の奪取の民事上の側面に関する条約の実施に関する法律による子
　　の返還に関する事件の手続等に関する規則（以下「ハーグ規則」という。）

33条の2）。

　なお，会社非訟事件手続は，非訟事件手続法が直接適用される手続であり（会社法875条参照），秘匿に関する新非訟事件手続法42条の2及び新非訟事件手続規則36条の2が直接適用されるため，特段の改正規定は設けていない。

　イ　家事事件，子の返還申立事件（ハーグ事件）のほか，犯罪被害者等の権利利益の保護を図るための刑事手続に付随する措置に関する法律（以下「保護法」という。）の刑事和解の手続も，民訴法，民訴規則の秘匿に関する規定を準用することとしている手続であるが，これらの3手続では，当事者及びその代理人の郵便番号及び電話番号等の記載を求める規律はないことから（家事事件手続規則1条1項，ハーグ規則1条1項，犯罪被害者等の権利利益の保護を図るための刑事手続に付随する措置に関する規則（以下「保護規則」という。）13条参照），電話番号等の記載の特例に関する民訴規則の規定（52条の10第2項，52条の12第2項）を準用の対象から除いている[24]。

(3)　個別の準用規定によるもの

　非訟事件手続法・規則の規定が適用ないし包括的に準用されている手続の中でも，閲覧等に関しては，民事訴訟と同様に，裁判所の許可なく請求を可能とする規定が設けられている民事調停等の手続については，

24　秘匿事項届出書面に電話番号等の記載を求める規定（52条の10第1項2号）については，刑事和解の手続ではその準用を除外しているのに対し，家事事件手続及びハーグ事件手続では準用することとしている。これは，家事事件手続及びハーグ事件手続では，裁判所において電話番号等を把握する必要性は高く，実務上，申立書にも記載されていることから，住所，氏名等の秘匿の申立てがされる場合には，一律に（秘匿対象者以外の者の閲覧等が制限される）秘匿事項届出書面の記載事項として管理することが合理的と考えられるためである。

秘匿に関する民訴法の規定が個別に準用されている（新民事調停法21条の2等）。

　別表の「1　秘匿に関する民訴規則の規定の準用等」で「(3)　個別準用」と記載されている最高裁判所規則については，秘匿に関する民訴規則の規定を個別に準用することにより，民事訴訟と同様の規律としている。

2　電話会議等・ウェブ会議等により手続を行う場合に関する改正等

(1)　電話会議等の方法により手続を行う場合の規定の改正

　非訟事件手続規則42条，家事事件手続規則42条，ハーグ規則42条では，電話会議等の方法により手続を行う場合の確認事項や調書への記載事項について定めていたが，前記三のとおり，民事訴訟の規律が改まったことと平仄を合わせて，これらの各規定の内容を民訴規則と同様の規律に改めている。

(2)　ウェブ会議等の方法による口頭弁論等の期日に関する規律の準用を除外する改正

　改正法は，民事執行手続等の民訴法の規定を包括的に準用している各種の手続において，ウェブ会議等の方法によって口頭弁論及び審尋（以下「口頭弁論等」という。）の期日における手続を行うことができる旨の規定の準用を明示的に除外していることから，これらの事件については，各規則において，ウェブ会議等の方法によって口頭弁論等の期日における手続を行う場合の規定（30条の2及び30条の3）の準用を除外している。別表の「2　電話会議等及びウェブ会議等の手続に関する規定[25][26]

25　保護規則のうち，①民訴規則の規定を個別に準用している刑事和解の手続では，これらの規定は準用対象に含まれておらず（保護規則19条参照），②損害賠償命令事件では，法律（保護法44条）で細かく準用除外している民訴法の規定に対応する民訴規則の規定は当然に準用されないことを前提としている保護規則34条の規定ぶりに鑑み，明示的な準用除外はしていない。）。

の準用等」で「ウェブ弁論の準用除外」と記載されている最高裁判所規則が，これに当たる。

(3) 離婚の訴えに係る訴訟等において，ウェブ会議等の方法で進行協議期日の手続を行う場合の請求の認諾に関する改正

人事訴訟規則については，改正規則により，時期を異にする改正をしているので，経過措置とも関係するところであるが，便宜上，本項で改正内容を説明する。

ア　一回目の改正

離婚の訴えに係る訴訟及び離縁の訴えに係る訴訟（以下「離婚の訴えに係る訴訟等」という。）においては，電話会議等によっては，請求の認諾をすることができない旨の法律上の制限が存在することから（人事訴訟法37条3項，44条），民訴規則96条の改正により，民事訴訟一般において，電話会議等の方法により進行協議期日の手続に参加した当事者が請求の放棄・認諾等をすることが可能となっても，離婚の訴えに係る訴訟等では，請求の認諾をすることはできない旨の特則を新たに設けている（30条2項）。

イ　二回目の改正

新人事訴訟法37条4項は，離婚の訴えに係る訴訟等において，ウェブ会議等によって手続が行われた場合には，請求の認諾等をすることができるものとしているから，同項の施行と合わせて，30条2項に，ウェブ会議等であれば請求の認諾をすることができる旨のただし書を

26　人事訴訟手続については，改正法附則4条により，ウェブ会議等の方法による口頭弁論等の期日に関する新法87条の2の規定が適用されるのが民事訴訟よりも遅れることとなっているが，特段の手当てはしていない（新法87条の2が施行されるまでの間，ウェブ会議等の方法による口頭弁論等の期日についての新民訴規則30条の2及び30条の3の適用の前提を欠くことは当然と考えられる。）。

加えることとしている。

3 民訴規則77条の準用に関する改正

前記四の2のとおり，新民訴規則77条においては，写真の撮影等の制限の局面として，「民事訴訟に関する手続の期日」のほか，「期日外における審尋」及び「書面による準備手続における協議」を対象としているところ，個別ないし包括準用により，民訴規則77条の規律は，整備対象規則にも基本的に及ぶことになるが，①労働審判規則37条，②非訟事件手続規則21条，③家事事件手続規則33条，④ハーグ規則23条については，各手続において「期日外における審尋」及び「書面による準備手続における協議」の規律が準用されていないことから[27]，民訴規則77条後段部分の準用を明示的に除外している。

4 民事訴訟費用等に関する規則

民事訴訟費用等に関する法律2条6号は，訴状その他の申立書等の書類の作成及び提出の費用を訴訟費用の範囲に含め，その額を最高裁判所に委任しているところ，新たに定められた秘匿決定等の取消しの申立て及び閲覧等の許可申立てについて，書類の作成及び提出の費用額を定めている（民事訴訟費用等に関する規則別表第二の五）。

5 民事執行規則

改正法により，差押債権者等の住所，氏名等につき秘匿決定がされている場合につき，氏名等を第三債務者に秘匿したまま差し押さえた債権の支

---

27 「期日外の審尋」について補足すると，①労働審判法は，審尋に関する民訴法87条2項を準用しておらず，また，証拠調べについては民事訴訟の例によるため（労働審判法17条2項），参考人等の審尋に関する民訴法187条が準用されるものの，相手方のある手続なので必ず審尋の期日によることとなり，期日外における審尋はないことになる。また，②非訟事件手続法，③家事事件手続法及び④ハーグ法は，民訴法87条2項及び同法187条を準用していない（非訟事件手続法53条，家事事件手続法64条及びハーグ法86条）。

払を受けることができるように，第三債務者に差押えに係る債権の全額に相当する金銭の供託を義務付けることを可能とする供託命令に関する規律が設けられた（新民事執行法161条の２）ところ，債権及びその他の財産権に対する強制執行に関する規定を準用する振替社債等に関する強制執行及び電子記録債権に関する強制執行についても供託命令に関する法の規定を準用し（新民事執行規則150条の８，150条の15），発行者ないし第三債務者の供託義務に関する規定を新設している（同規則150条の６第３項，150条の12第３項）。

6　民事再生規則，外国倒産処理手続の承認援助に関する規則，会社更生規則，破産規則及び会社非訟事件手続規則

民事再生事件，破産事件等の倒産関係の手続には，包括準用規定により準用される民訴法92条の閲覧等制限とは別に，利害関係人の閲覧等がされることによる支障部分についての閲覧等制限の制度が設けられており（民事再生法17条等），各規則において支障部分の閲覧等の制限の申立ての方式等に関する規定が設けられていたところ（民事再生規則10条，外国倒産処理手続の承認援助に関する規則11条，会社更生規則９条，破産規則11条及び会社非訟事件手続規則19条），前記四の１のとおり，民訴法92条の閲覧等制限の申立ての方式等に関する民訴規則34条の規定を整理したことから，これと平仄を合わせる形の改正を行った。

六　施行期日・経過措置

1　施行期日

(1)　改正法の施行期日との関係

改正法の施行日は，前記一のとおり，①住所，氏名等の秘匿制度の新設に関する規律は公布の日から起算して９月を超えない範囲内において政令で定める日から，②電話会議等の方式による和解期日に関する規律や，双方不出頭での弁論準備手続期日に関する規律は公布の日から起算

第1段階 　公布から9月以内	秘匿制度（3条，52条の9〜52条の13） 秘密保護のための閲覧等の制限（34条） 電話会議等の方法による弁論準備手続期日，書面による準備手続における協議（88条，91条） 宣誓（112条，134条）
第2段階 　公布から1年以内	和解期日（32条） 写真撮影等の制限（77条，78条） 電話会議等の方法による進行協議期日（96条）
第3段階 　公布から2年以内	ウェブ会議等の方法による口頭弁論期日，電話会議等の方法による審尋期日（30条の2，30条の3）

して1年を超えない範囲内において政令で定める日から，③当事者双方がウェブ会議等の方式により口頭弁論期日及び審尋期日に参加することを可能とする規律は公布の日から起算して2年を超えない範囲内において政令で定める日からそれぞれ施行されるところ，改正規則の施行日についても，基本的には上記①〜③の法の規律に対応する規律を，法の施行日に合わせて施行することとしている。新規則の規定ごとの施行時期をまとめると，上記の表のとおりであるが，法の施行時期との対応関係が明らかでないものについては，(2)で補足的に説明を加えることとする。

(2) 補足説明

ア　第1段階で施行するもの

　(ア)　秘密保護のための閲覧等の制限（34条）

　　　秘密保護のための閲覧等の制限制度と秘匿制度は類似するものであり，新設される新法133条の2第2項の申立ての方式等の規律（52条の11）と同様の規律を秘密保護のための閲覧等の制限制度にも設けるものであるから，秘匿に関する規律と合わせて，第1段階で施行することとしている。

(イ) 電話会議等の方法による弁論準備手続期日，書面による準備手続における協議（88条及び91条）

電話会議等の方法による弁論準備手続期日ないし書面による準備手続における協議の際の確認事項及び調書記載事項に関する規律については，ウェブ会議等の利用が顕著に増加している現状との乖離が存在し，プライバシーに対する配慮等の観点からも早期の施行が求められる上，秘匿制度の施行後は，秘匿対象者の電話番号の調書への記載を要しないこととする必要も特に高いことから，秘匿に関する規律と合わせて，第1段階で施行することとしている。

(ウ) 証人及び鑑定人の宣誓において署名押印を不要とする規律（112条及び134条）

典型的に想定される局面は秘匿制度が利用される局面であることから，第1段階で施行することとしている。

イ 第2段階で施行するもの

(ア) 写真撮影等の制限に関する規律（77条及び78条）

弁論準備手続等における電話会議等の要件が緩和されるのと合わせて，第2段階で施行することとしている。

(イ) 電話会議等の方法による進行協議期日（96条）

電話会議等の方法による進行協議期日について，一方当事者出頭要件及び遠隔地要件を削除する改正（1項）は，電話会議等の方法による弁論準備手続期日についてこれらの要件が法律上撤廃される第2段階で施行するのが相当であるから，その他の改正内容も含め，第2段階で施行することとしている。

ウ 整備規則の施行時期

整備対象となった関連規則についても，秘匿及び電話会議等の手続の確認事項等に関するもの（前記五の1，2(1)，4〜6）については第1段階で，民訴規則77条に関するもの（前記五の3）は第2段階で，

それぞれ施行することとしている。

　また，離婚の訴えに係る訴訟等についての人事訴訟規則の特則的規定については，前記五の2(3)のとおり，改正規則により二回改正するところ，民事訴訟における電話会議等の方法による進行協議期日において，請求の認諾等が可能となる第2段階で，一回目の改正（進行協議期日において，電話会議等では請求の認諾をすることができない旨の特則を設ける改正）を行い，その後，新人事訴訟法37条4項の改正規定が施行される時点（改正法附則1条5号により，公布の日から起算して3年以内）で，二回目の改正（ウェブ会議等であれば請求の認諾をすることができる旨の改正）をすることとしている。

2　調書の記載等に関する経過措置

　改正法は，秘匿についても，電話会議等又はウェブ会議等を用いた手続についても，特段の経過措置を設けることなく，施行日後に適用することとしているから，規則についても，施行日後は，基本的に，改正後の規定が直ちに適用されることになる。

　もっとも，改正規則により改正される事項のうち，電話会議等の方法によって行う手続について，確認事項，調書の記載事項についての現在の規律をそれぞれ改めているものについては，手続の実施時と調書の作成時期とにタイムラグが発生し得るので，前者と後者の間で規則が施行されてしまうと，規則上は，期日で確認することが求められていない事項の調書への記載が求められる，といった不都合が生ずることになってしまう。そのため，改正規則施行前に電話会議等の方法により行われた手続の調書については，改正後の規定にかかわらず，従前の例による旨の経過規定を設けることとしている（附則2条[28]）。

28　このような経過規定の対象となるのは，電話会議等の方法によって手続を行う場合の弁論準備手続（民訴規則88条3項），書面による準備手続における協

橋爪　　信　最高裁判所事務総局民事局総括参事官
小津　亮太　最高裁判所事務総局民事局第二課長
後藤　隆大　最高裁判所事務総局民事局付
邊見　育子　最高裁判所事務総局民事局付

（肩書は執筆当時）

議（民訴規則91条3項），非訟事件手続の期日（非訟事件手続規則42条2項。
他の最高裁判所規則において同項を準用する場合を含む。），家事審判の手続の
期日（家事事件手続規則42条2項），子の返還申立事件の手続の期日（ハーグ
規則42条2項）である。

(別表) 改正規則における準用一覧表

	規則等		1 秘匿に関する民訴規則の規定の準用等	2 電話会議等及びウェブ会議等の手続に関する規定の準用等
1	民事調停規則		(3)個別準用 (23条の2)	非訟規則42条の準用 (24条)
2	企業担保実行手続規則		(1)包括準用 (6条1項)	ウェブ弁論の準用除外 (6条1項)
3	借地非訟事件手続規則		(3)個別準用 (23条の2)	非訟規則42条の直接適用
4	船舶所有者等責任制限事件手続規則		(1)包括準用 (37条の2)	ウェブ弁論の準用除外 (37条の2)
5	民事執行規則		(1)包括準用 (15条の2)	ウェブ弁論の準用除外 (15条の2)
6	民事保全規則		(1)包括準用 (6条)	ウェブ弁論の準用除外 (6条)
7	民事再生規則		(1)包括準用 (11条)	ウェブ弁論の準用除外 (11条)
8	犯罪被害者等の権利利益の保護を図るための刑事手続に付随する措置に関する規則	損害賠償命令	(1)包括準用 (34条)	準用なし
		刑事和解	(2)修正して準用 (19条)	準用なし (19条参照)
9	外国倒産処理手続の承認援助に関する規則		(1)包括準用 (12条)	ウェブ弁論の準用除外 (12条)
10	会社更生規則		(1)包括準用 (10条)	ウェブ弁論の準用除外 (10条)
11	人事訴訟規則		民訴規則の直接適用	民訴規則の直接適用 ※
12	仲裁関係事件手続規則		(1)包括準用 (1条)	ウェブ弁論の準用除外 (1条)
13	破産規則		(1)包括準用 (12条)	ウェブ弁論の準用除外 (12条)
14	労働審判規則		(3)個別準用 (36条の2)	非訟規則42条の準用 (37条)
15	会社非訟事件等手続規則		(2)修正して準用 (非訟規則直接適用)	非訟規則42条の直接適用
16	非訟事件手続規則		(2)修正して準用 (36条の2)	同旨の規定 (42条)
17	家事事件手続規則		(2)修正して準用 (26条の2)	同旨の規定 (42条)
18	国際的な子の奪取の民事上の側面に関する条約の実施に関する法律による子の返還に関する事件に関する規則		(2)修正して準用 (33条の2)	同旨の規定 (42条)
19	消費者の財産的被害の集団的な回復のための民事の裁判手続の特例に関する規則		適用・準用なし	ウェブ弁論の準用除外 (35条)
20	発信者情報開示命令事件手続規則		(3)個別準用 (9条)	非訟規則42条の直接適用

※ ただし、ウェブ弁論の規律の施行時期は民事訴訟とは異なる（改正法附則4条）。

令和4年最高裁判所規則
（民事関係）逐条説明　　　　　　　　　　　書籍番号　500516

令和5年11月25日　第1版第1刷発行

　　　　　　　　　編　　集　　一般財団法人　法　曹　会
　　　　　　　　　発　行　人　　福　　田　　千　恵　子

発　行　所　　一般財団法人　法　　曹　　会

　　　　　　　〒100-0013　東京都千代田区霞が関1-1-1
　　　　　　　　　　　振替口座　00120 - 0 - 15670
　　　　　　　　　　　電　　話　03 - 3581 - 2146
　　　　　　　　　　　http://www.hosokai.or.jp/

　　落丁・乱丁はお取替えいたします。　　印刷製本／大日本法令印刷

ISBN 978-4-86684-107-6